AF282855

Musas entre dos sierras

ANTONIO PÉREZ NIETO

Musas entre dos sierras

Prólogo
José Luis Puerto

Diputación de Salamanca
2025

EDICIONES DIPUTACIÓN DE SALAMANCA
SERE LENGUA Y LITERATURA, N.º 72

1.ª Edición: 2025
© Diputación de Salamanca

© Antonio Pérez Nieto

Ilustración de cubierta: Luis Pascual Repiso

DIPUTACIÓN DE SALAMANCA
e-mail: ediciones@lasalina.es
http: //www.lasalina.es

I.S.B.N.: 978-84-7797-772-8
DL S 128-2025

Imprime: Offiprint

Ninguna parte de esta publicación puede ser reproducida total o parcialmente,
almacenada o transmitida en manera alguna ni por ningún medio, ya sea mecánico,
eléctrico, químico, óptico, de grabación o de fotocopia, sin permiso del editor.

ANTONIO PÉREZ NIETO: Tallar las palabras

Conocí a Antonio Pérez Nieto cuando, hace ya unos años, frecuentaba yo la hermosa localidad de Cristóbal, asomada al balcón del valle de Santibáñez de la Sierra. En aquella época, lo hacía para acopiar materiales, con el objeto de elaborar un libro sobre este pueblo, que, por fin, sería editado por la Diputación de Salamanca, con el título de *Cristóbal. Memoria de la vida popular* (2018), en su serie Ayuntamientos, con el número 55.

En tal obra, dedico a Antonio Pérez todo un apartado (8.4. Un poeta local: Antonio Pérez) dentro del octavo capítulo, dedicado a «La palabra». Y nunca mejor traído tal recuerdo, porque Antonio Pérez Nieto, aunque residente a lo largo de la mayor parte de su vida en Cristóbal, es oriundo de la cercana localidad de Los Santos y ha tenido por oficio el de cantero, tan característico de un pueblo dedicado a la talla del granito.

Antonio Pérez Nieto, además de a la talla de la piedra, que es un oficio material, se ha dedicado también a otro tipo de talla, de tipo más inmaterial y creativo, como es la talla de las palabras, al tener el don de la poesía, género literario en el que tiene varios libros publicados, como los titulados *Inquietudes del pensamiento. Antología poética* (2011) o también *Al sur de Salamanca. Antología poética* (2014).

Ahora, a la altura de la edad del autor, ya en su ancianidad y plenitud, se viene a sumar la obra que hoy presentamos, con el hermoso título de *Musas entre dos sierras*, alusión a las de Béjar y Francia, las dos cadenas montañosas entre las que Cristóbal está enclavado.

Antonio Pérez Nieto, en sus versos, realiza una delicada labor de tallar las palabras, a partir de su sensibilidad, de los motivos de su creación poética, que no pueden ser otros que los de la tierra, la naturaleza, los seres queridos, la vida campesina… y otros por el estilo, como ya realizara, entre nosotros, José María Gabriel y Galán, por ejemplo.

Y poetiza ese mundo tan entrañable, a partir de su propia experiencia vital, con una honda emotividad campesina, y con una visión entrañada de la tierra y de las gentes que en ella habitan. Tal plasmación poética está verbalizada a través de los rasgos más característicos de la poesía popular: intensidad, emoción, arraigo, utilización preferente de los versos de arte menor…, como recursos eficaces para transmitir la emoción de lo sentido y de lo vivido a los lectores.

Por todo ello, hemos de celebrar hoy el existir y el quehacer poético de Antonio Pérez Nieto, quien, como hiciera con el granito, talla las palabras para transmitirnos el alma del pueblo y el alma del mundo. Y lo hace de un modo emotivo e intenso.

JOSÉ LUIS PUERTO
(Premio Castilla y León de las Letras)

A LA CHICA DEL VIOLÍN

Fibras puras de canario
son las cuerdas del violín
que Silvia templa con gracia
y entona junto al atril.

–Es cual música encantada
que un celeste querubín
pusiera sobre la Tierra
para hacerla más feliz.

Con lenguaje universal
hace gozar y sentir,
con un eco prolongado,
de uno hasta el otro confín.

Camino de las estrellas,
sin alas para subir,
traspasa las negras sombras
y las hace relucir.

–Dicen que amansa la furia
de la fiera más hostil;
la que comulga, gustosa,
con ideas de Caín.

Arte con vida inmortal
mientras haya un colibrí
que visite los edenes,
silvestres, del mes de abril.

Pues, navega los espacios
con entusiasmo gentil;
como el dulce revolar
del perfume del jardín.

–Silvia brinda con el alma
notas de oro y de marfil;
alegrando el corazón
y el encanto de vivir

de estos abuelos dichosos
que adoran con frenesí
y desean dulce vida...
a la chica del violín.

CON EL AGUA CONGELADA

Iban mozas y casadas
al arroyo el lavadero
con el baño y la tajuela
por lo crudo del invierno.

Ya en las aguas de los charcos
el carámbano rompieron
con las manos ateridas
y peñascos bien dispuestos.

Como esclavas lavanderas
padecían un infierno;
pues la concha de jabón…
se escurría de los dedos.

Soterrada esclavitud
arrostraron en silencio,
pasadas generaciones,
en la vida de los pueblos.

Fue un castigo, muy callado,
que las féminas sufrieron
con el agua congelada
cuando helado estaba el viento…

El lavado fue un calvario
que mujeres padecieron.
Por entonces lavadoras
no tenían ni en los sueños.

Sus pañuelos y corpiños
tendieron sobre el romero
frente a soles moribundos
de diciembres y de eneros;

rogando que abril y mayo
llegaran por los oteros
de la bella serranía
a regatos y los huertos.

Solo acordes musicales
de balidos y cencerros
servían de compañía
en momentos tan perversos!

Aún melódico y sombrío
cantaba el arroyo viejo
bajo aquellos cielos grises
y nubarrones dispersos.

Cayeron nevadas blancas
sobre los caminos viejos…
y en los cuerpos, mal vestidos,
las inclemencias del tiempo.

De aquellas horas amargas
hay vestigios y recuerdos
que remueven, sin cesar,
las fibras del pensamiento…

Anidaron las reumas
en la caña de los huesos
que las yerbas no curaron
ni recetas de los médicos…

¡Nunca fueron laureadas
–por la gesta que ahora entiendo–
por la labor más penosa…
que ha existido bajo el cielo!

¡¡Nobles hijas de mi patria
a vosotras van los versos
de esta historia, verdadera,
que no ha de borrar el tiempo!!

A JAVIER ÁLVAREZ
Elegía

Cargado de juventud
te fuiste, querido amigo
con la honradez y altitud
que descifrar no consigo.

Temprano paró la noria
en sus giros temporales
y se fue para la gloria
la esencia de los mortales...

Justo fuiste entre los justos
a la grupa de tus días:
unos te dieron disgustos,
otros, dulces alegrías.

Grande fuiste de conciencia
entre todos los humanos
y fontana de paciencia
gobernada por tus manos.

Fuiste alcalde sin rival
aclamado y elegido
por sufragio universal
y en voluntad fuiste ido.

Amador de la justicia,
del consenso y la razón,
alejaste la malicia
de tu limpio corazón.

Recordamos la nobleza
que en vida te distinguió,
y el aplomo y entereza
que tan fiel te acompañó.

Con alma de miel y seda
obraron tus sentimientos
más firmes que la moneda
que mueve los estamentos.

Peregrino en pos del bien
en la ruta sin posada
con la verdad en tu sien
en jornada tras jornada.

Con certeza que esta vida
es caduca y temporal
al sentirla ya cumplida,
de manera tan fatal.

ilusiones se te fueron
hacia el valle de la nada.
¡Suspirando se perdieron…
una infausta madrugada!

En tu amarga despedida
de luto vistió Los Santos.
En tu gente dolorida
hubo consuelos… y llantos.

¡¡Si temprano al más allá
te fuiste, querido hermano,
tus recuerdos estarán
al alcance de la mano!!

JUNTO AL TORMES SE LEVANTA

Salamanca señorial
junto al Tormes se levanta
con antiguas maravillas
sobre la piedra dorada.

Clerecías y conventos
profesan la fe cristiana
con sus salmos y oraciones
en los maitines del Alba.

Dos catedrales se encumbran
y reflejan en las aguas,
como bastiones de fe
de las cúpulas cristianas.

Temblando en la noche nueva
esperan la madrugada,
platicando con los peces
en el fondo de las aguas.

Nunca ha sido superado
el emporio de la plaza.
Pues se sabe en todas partes...
que es reina de toda España.

Patrimonio de la Unesco
es la bella Salamanca
para orgullo de los charros
y las tierras castellanas.

Fama tiene en todo el mundo
su pompa universitaria;
esa fuente del saber
que ha encumbrado a Salamanca.

Crisol de amoldar ingenios
es la culta Salamanca.
¡Pues así viene sonando
desde fechas muy lejanas..!

Con el trabajo constante,
sin respiros para holganzas,
muchas orlas y birretes
se le deben a sus aulas.

Estudiantes extranjeros
cruzaron la mar salada
deseosos de formarse
en la sabia Salamanca.

La rondalla estudiantil
tristes ánimos levanta;
porque derraman amores
sus canciones y guitarras...

Tierra de libros y toros,
encinares y cañadas,
bajo cielos azulados
es la charra Salamanca.

Bajo el cielo y sus conjuntos
es la ciudad encantada
que se lleva el visitante
en los rincones del alma.

Por el mundo va su nombre
escrito con oro y plata.
Pues tal distinción merece…
con su gente hospitalaria.

Rinde culto a san Mateo,
con festejos a la carta,
esta provincia gloriosa
que nació divina y santa.

¡¡Gran aventura es perderse
por las calles empedradas
de esta ciudad española…
que se llama… Salamanca!!

CADA NOCHE PIENSO Y SUEÑO

Cada noche pienso y sueño
de los sueños el más grato:
que la Tierra ya está llena
de verdaderos hermanos...

Qué bien goza de una paz
sin dañinos sobresaltos
de pólvoras encendidas
persiguiendo a los zapatos.

Pues paseo por los parques
con abetos abrazados
y toboganes con niños,
muy alegres, resbalando.

Hasta en lares nemorosos
prosperan abril y mayo
con rosas de terciopelo
y lirios enamorados

de la casta primavera
con su cielo azul y blanco,
y trinos de golondrinas
en sus castillos de barro.

Todo posa en el lugar
más propicio y deseado
en un mundo diferente...

¡Con amor por todos lados!

Sueño y vivo una ilusión
–de maldades olvidado–
porque palpo las venturas
de los niños y los pájaros.

¡¡Junto al alba me despierta
el madrigal de los gallos
y en el tren del nuevo día
pago billete… y cabalgo!!

A JOSÉ MORAL Y ANTONIO PÉREZ

El día tres de septiembre
del año cincuenta y cuatro
van camino de la mili,
con cara de disgustados,

los dos quintos hacia el tren
con el burro bien cargado,
con las maletas más grandes,
que en Cristóbal fabricaron.

Llegamos a Salamanca,
donde fuimos separados
por un cabo y dos sargentos
chusqueros, pero con mando...

Con apremios militares
nos vistieron de soldado
para servir a la patria
en ciudades y los campos.

Nos prestaron: cantimplora,
una cuchara y un plato,
y un fusil con un machete
algo puerco y despuntado.

Nos sirvieron un petate
que, ya, varios licenciados
llevaron a las espaldas
sudorosos y nostálgicos.

Ya las fiestas se acercaban…
y un permiso… ni soñarlo.

El catorce de septiembre
fue un auténtico calvario,
alejados de la novia
en día tan señalado
para trajes y collares…
pueblo arriba, pueblo abajo.

No pudimos disfrutar
del eco del campanario
ni del baile de la plaza
a lo grande, sin horarios…

Pues, con tal de dar la talla…
no servían alegatos.
¡Allá fueron los Josés,
los Antonios y los Pacos!

Lo nuestro fue una fortuna
—de más o menos rango—
que sirvió de comidilla
en corrillos y solanos…

¡Allí sonaron los nombres
y el eco de nuestros pasos,
y un tiempo de juventud…
que jamás será olvidado!

¡¡Por suerte del apellido
nos vimos afortunados;
volvimos por Navidad…
con tres meses, licenciados!!

YA VIENEN, MADRE...

Ya vienen, madre,
–bajo el sombrero–
los segadores
que ayer se fueron.

Ya viene, madre,
quien yo más quiero...
con los sudores
de aquellos cerros.

Durmió en las pajas
del mismo suelo,
al son de grillos
y de luceros.

Vistió calzones
de pana y lienzo;
quemó sus brazos
el Sol, con fuego.

Póngome, madre,
mi traje nuevo...
¡que voy de fiesta
con mi moreno!

Ayer mis penas
lugar tuvieron.
¡Mi dicha, madre...
estaba lejos!

LA LEY DEL TIEMPO
Soneto

Yace en el viejo desván solitario
el yunque fornido, callado y triste.
Oscuro frac de polvo lo reviste
y guarda de la luz del lucernario.

Rompedor de silencios, legendario;
con lengua cantarina tú te fuiste
llorando los conciertos que nos diste,
en tardes novenarias de rosarios.

La mansedumbre del músculo fiero
te condujo al exilio permanente,
por mandato del tiempo justiciero.

¡No incubes los rencores en tu mente;
que yo con tu tristeza también muero
en las celdas de mis ríos sin puente!

AL PISUERGA

Tú naciste en Peña Labra
arrogante y varonil,
donde fuiste bautizado
al instante de existir.

No reposaste en la cuna
cual rebelde serafín.
Pues el viaje estaba largo...
¡No hubo tiempo de dormir!

Tu cauce nació inmortal,
sin el trance de morir.
Te puso Dios en la Tierra
por beneficios sin fin.

Tú regaste labrantíos
y los prados por abril,
y moviste las aceñas
de los trigos y el maíz.

En medio de la Creación,
para los siglos sin fin,
te ocupaste, noche y día,
en tareas de servir...

Insomne y en movimiento
nunca dejas de latir
entre bosques y praderas,
y parcelas del jardín.

Por Palencia el Carrión
te prestó sus aguas mil
como eterno compañero,
compañero parlanchín.

Al igual que el Arlanzón,
la Esgueva entró feliz
en tu cauce generoso,
entrando en Valladolid.

Federados piragüistas
van y vienen sobre ti
con la esperanza gloriosa
de brillar en el país.

Sobre ti sobrevolaron
la paloma y el neblí,
y escuchaste los cortejos,
febriles, de la perdiz.

¡Cuántas lunas se peinaron
en tus aguas de marfil,
cuántos álamos divinos…
sucumbieron sobre ti!

¡Cuántas espumas soñaron
con claveles y el jazmín
en horas de recios vientos
bajo el cielo carmesí!

No te arredran los fantasmas,
que trasnochan por ahí,
envueltos en capas negras…
y que miran de perfil.

Parece que tienes alma
y que empiezas a sentir
que termina el largo viaje,
porque todo tiene un fin.

¡¡Muchos puentes has pasado
y en Tordesillas, gentil,
abrazas al Duero inmenso
que siempre creció por ti!!

ROMANCE DEL ALAGÓN

Al nuncio del primer tiempo
el Alagón fue nacido
en territorio de Frades
bajo el cielo salmantino.

Casafranca y Endrinal
asistieron al bautizo
y aseguran las memorias
que le hicieron peregrino.

El niño llegó, airoso,
a Monleón –sin castillo–
avanzando noche y día
por tierras del Tornadizo.

Los Santos y San Esteban
le cantaron ¡bienvenido!
con San Miguel de Valero,
Santibáñez, Molinillo.

Sotoserrano y Pinedas
al niño vieron crecido,
y le rindieron honores
entre jarales y olivos.

Hecho mozo no descansa
por sombras de los alisos,
saltando de peña en peña
como alegre cabritillo.

Recibiolo Extremadura:
con seis pueblos llega al Guijo;
donde Gabriel y Galán
escribió inmortales libros.

Pues sigue de norte a sur
–incansable peregrino–
y lo bendicen en Coria
siete curas y el obispo...

Soñando con anchos mares
en el Tajo fue metido;
con Alcántara presente
y permiso de El Rastrillo.

Tú sofocaste la sed
a los hombres más antiguos
y moviste con tus brazos
la rueda de los molinos.

Por tus sierpes solitarias
va la verdad de platino,
suspirando por el mal
de los humanos perdidos...

¡Por tus vados se eludieron
aceiteros y bandidos
cn los tiempos más infaustos
que este mundo ha conocido!

¡¡En el vaivén de mis sueños
mi corazón va contigo,
caminando hacia los mares...
por los siglos de los siglos!!

A MIGUEL HERNÁNDEZ

¿Qué sucede entre paredes
de la cárcel de Alicante?
Hay revuelo de enfermeros
entre muros sin cristales.

Comentan en los pasillos
que Miguel está muy grave,
y muere de madrugada
¡uno grande entre los grandes!

Con los párpados abiertos
–que no pudo cerrar nadie–
en las garras de la Muerte
se nos fue Miguel Hernández.

Fue de luto la poesía
por los pueblos y ciudades,
y aunque pasen muchos años...
¡su recuerdo es imborrable!

Un tintero quedó triste
y libros de los estantes
porque perdieron al dueño
por días interminables...

Él luchó con cuerpo y alma
con coraje de titanes,
con un corazón caliente...
¡y espada de las verdades!

La intensidad y pureza
de sus versos inmortales
recorren el mundo entero
por la tierra y por los mares.

Decía querer a España
con los ríos de su sangre
y por su patria murió
apenado y en la cárcel.

Sus poemas están vivos,
entre los muertos su carne
abrazado de la Tierra...
que a gritos llamaba ¡Madre!

A LA LUNA EN MENGUANTE
Soneto

Caminas bajo el viejo firmamento
sola, desasida y descolgada.
Mis ojos te contemplan fatigada
esta noche de insomnio y argumento.

Te sigo en tu camino a paso lento.
Me abruma tu figura tan menguada
con filos que recuerdan a la espada
temida por los ímpetus del viento.

Las luces de alabastro de tu esfera
guían, con certeza, al caminante
y al ciervo que recela en la pradera.

Te inunda y espejea el Sol constante
en invierno, la dulce primavera,
otoños y el verano palpitante.

A LA GUITARRA

Recuerdas la sangre agarena
de Andalucía la llana
y el eco de las marismas,
mitades de tierra y agua.

Eres brava y española
en tus noches de parranda
cuando brillan las estrellas
en sus pampas alejadas.

Rondadora en cien callejas
de enrejados y ventanas:
tú despiertas a los gallos
que anuncian la madrugada.

Sube floridos balcones,
cruza fornidas murallas,
besa las tapias del pecho...
lo dulce de tus palabras.

Tú consuelas los suspiros
de las vidas mal usadas;
licor que alivia el sendero...
cual manos samaritanas.

Eres risa y eres llanto,
tienes lágrimas tempranas,
y alegra que no cesa
en tu nombre de guitarra.

¡Castigada en el rincón
–con las cuerdas destempladas–
das conciertos de silencio
con tu lengua amordazada!

A LA MUERTE DEL PORQUERO

Paciente y hambriento
soñaba, despierto,
aquel hombre bueno
cuidando los cerdos.

Fue justo y perfecto.
Su vara de fresno
mandaba con duelo
templado y sereno.

Oyó en el silencio
llamadas del cielo.
La fiebre del cuerpo
quebraba los huesos.

Qué triste era el sueño
del pobre porquero,
moría sufriendo
mirando hacia el techo.

En sábana envuelto
al punto se oyeron
suspiros y rezos…
que herían el viento.

La fosa le abrieron
dos sepultureros.
¡¡Sin caja fue al suelo…
del triste aposento!!

A LA PARRA DEL JARDÍN

Eres en abril y mayo
milagro de primavera;
bastión de la vida verde
junto al nardo y la azucena.

Sabes de fiestas urbanas
cuando en la noche se acercan
los luceros y la Luna
a barrancas y callejas.

Se atalaya el gorrión
y en tu espesura se acuesta,
y al alba pulsa la lira
de sus notas descompuestas.

Prefieres la paz del mundo
en el mundo de las guerras.
Haces pabellón dorado
entre la plaza y la puerta.

Te aletargas en invierno,
despiertas en primavera
y te adornan en otoño
los conjuntos de hojas secas.

Se dibuja en el espacio
tu sombra de enredadera
y extasía tus racimos
la vieja mesa de piedra.

Cuando vino te hace el hombre:
te haces culto en la bodega,
academia de palabras...
diccionario de mil lenguas.

Evocas la vida y muerte
del Dios de la Santa Cena.
Tú, mueres y resucitas
en una pérgola nueva.

¡¡Alegría del jardín,
en el centro de dos sierras,
sangre fuiste que el Señor
bebió para hacerla nuestra!!

A CRISTO
Soneto

Te apenan nuestras faltas, Jesús mío.
Oh, manantial de toda la clemencia,
anchuroso muro de paciencia,
pescador que perdura junto al río.

Dulce galán desnudo frente al frío
en noches que sacude con violencia
las puertas eternales de tu audiencia
la máquina del corazón baldío.

Se me ensancha el alma cuando te sigo
de torpes pensamientos despojado,
y rezo de rodillas, fiel Amigo.

Con rostro dolorido y enojado
perdonas estas culpas que te digo
aunque fueras por mí crucificado.

A LAS PUERTAS DEL INVIERNO

Termina el otoño
en anchos confines.
Grillos del camino
se atrincheran tristes.

Callan las cigarras
en viejos atriles;
en pos de la muerte
silenciosas viven.

Las ramas del bosque
que a los vientos sirven
de flautas y liras
de hojas se desvisten.

Bajan hasta el valle
cabras y mastines.
Los montes se quedan
muy solos y grises.

Tiemblan las veredas,
gimen los jardines
por rosas finadas
de mayos y abriles.

A fiestas o lutos
sin demora asisten
mendigos y reyes
con emperatrices.

Todo nace y muere;
todo muere y sigue,
y aunque no se entienda...
¡todo se repite!

A MARTA, DIEGO Y SILVIA
SONETO

¡El cielo me acompaña en mis cuidados.
Pues os llevo en la lengua y en la frente
como broches más hermosos del Oriente
que fueran a las minas arrancados!

Sois: cual dulce rocío de los prados
de primavera casta y floreciente.
Estrella que me guía, refulgente,
y que alivia el dolor de mis costados.

Contemplo la existencia florecida
cumplido de cariños y respetos
en el fruto de los años de mi vida.

¡Aunque pronto mis pasos queden quietos
gozaré de esta gloria conseguida
en la blanca hermosura de mis nietos!

A MI TIERRA

Te saludo con el alma
cuando de lejos me vuelvo
y camino en la angostura
de tu breve callejeo.

Con infinita pasión
yo, deambulo por el suelo
que sustentó, siendo niño,
mis sandalitas de cuero.

Siempre estás en mi presencia
en tus calles y tus cerros;
cual la brisa que acompaña,
por el alba, a los luceros.

Aún, yo, guardo en mi retina
los brotes, tiernos, primeros...
y las abejas zumbonas
que libaban el romero.

De noche, yo, vi a la Luna
de parranda por el cielo.
Con luz de alabastro fino...
descubría mil secretos.

En el fondo de las charcas
vi dormir a los luceros
con nanas de los batracios
más musicales y viejos.

Acompañaban los grillos
por lindones y senderos
con el arpa machacona,
en larguísimos desvelos.

Salamandras paseaban
por barandales de cieno
—de suavísima textura—
escuchando los conciertos.

—Las aves señoreaban,
por los espacios abiertos,
¡con la grata facultad
que Dios le otorgó del vuelo!

Me aventuró el arcoíris
—herradura bajo el cielo—
tras las gotas de la lluvia
con sus colores inmensos.

Primavera en tus campiñas
y el labrador agorero;
los canes y los pastores,
y balidos de corderos.

Ramos de silvestres flores
llevo en perpetuo recuerdo;
como tesoros divinos...
escondidos en el pecho.

En mi futuro –llegado–
yo te adoro y te venero;
porque me cumple llevar
el cofre de tus recuerdos.

Impregnada del sabor
de la magia de los versos
mi lengua pronuncia el nombre
¡de la tierra que más quiero!

Ella alumbra noche y día
la catedral de mis sueños
con misteriosas antorchas
y divinos sentimientos...

Me presta la luz divina,
llegada del santo cielo,
esta tierra cariñosa...
¡¡que me acogió de pequeño!!

ENTRE EL CREPÚSCULO Y EL ALBA

Ya se engalana la tarde
de arrebol enrojecido
por la cresta de los montes
y los collados vecinos.

Ya retumba en la hojarasca
la música de los grillos,
y los rayos seculares
dan el último suspiro.

La luna con manos blancas,
acaricia los apriscos
y viste de perlas finas
el polvo de los caminos.

Se anostalgia la arboleda
por los altos abanicos
y respiran soledades
juncos, veletas y lirios.

La sombra de los cipreses,
del cementerio dormido,
baja y sube por las cruces
y los sepulcros antiguos.

En las calles de la aldea
un concierto de ladridos
se adueña de los silencios
y las nanas de los niños.

Los minutos se rodean
de misterios campesinos:
el ruiseñor de la fuente
entona su canto lírico.

Juegan peces de metal
—en la espuma de los ríos—
con las estrellas insomnes
de candiles encendidos.

¡Pues, a todo espera el alba
y los gallos del molino
adormeciendo luceros
de los mundos infinitos!

FELICIDAD ESQUIVA

Por oros y cetros cambié la gloria
y dicha recogida que tenía.
Hoy añoro y me inquieta la memoria
la cabaña pajiza en que vivía
amena, solitaria, sin historia.

Me ocupa el ayer, cuando pobre estaba,
soñando con estados y riqueza
en un mundo tranquilo en que gozaba,
sin aprecio, a pesar de mi pobreza,
de los bienes que el cielo me prestaba.

Perdido tengo el edén primero;
de mi estado me agobian los decoros
y el peso del vivir tan lisonjero
y, a veces, escuchar ajenos lloros
del hermano haraposo y lastimero.

Pues, tanto me atormentan los cuidados
que hasta el sueño nocturno me aligeran.
Tengo riberas, jardines y prados;
todos, sumisos, me aplauden y esperan,
atienden y escuchan subordinados.

Hoy sueño, entre marfiles, sin reposo,
con el hombre que hallaron sin camisa
como único feliz y venturoso
apartado del monstruo de la prisa
que derriba el sosiego más hermoso.

Con ecos de nostalgia en lontananza
abarcando mansiones y conjuntos
el presente vivo sin esperanza,
aferrado al timón de mis asuntos
cual nave que la orilla nunca alcanza.

Volver atrás, en vano, solicito
y el rumbo del destino me lo niega.
¡Espacios venturosos necesito,
librado del bullicio de esta vega...
que traspasa el umbral de lo infinito!

ESTA MAÑANA DE MAYO

Baja el monte el nuevo día;
ya, las fuentes despertaron,
ya, se tiñe cantares
el rocío de los prados.

Los divinos ruiseñores
amanecieron cantando.
¡Cuánta dicha se comparte
esta mañana de mayo!

Escuchando melodías
de violines y pianos,
goza el alma, sosegada,
a la orilla del vallado.

–Ya se olvida el corazón
de amaneceres pasados
empapado de armonías
de cien ruiseñores pardos.

Suena el lírico concierto
en los juncos del regato;
¡donde se mueren de envidia
legiones de renacuajos!

Los trinos van por el aire
como cristales ingrávidos
cual un sueño delicioso…
¡más dulce que lo creado!

¡Canta ruiseñor, del alma,
que la mía se ha prendado
de tus acordes divinos...
esta mañana de mayo!

HIMNO A SAN MARTÍN

Para Cristóbal los ojos,
la vida y el corazón,
para san Martín del cielo
de las fiestas la mayor.

Por el once de noviembre
su caballo se paró
a la puerta de la iglesia,
como Cristo lo mandó.

Media capa le dio al pobre,
sin tijeras la partió,
y con amor infinito
le ofreció su corazón.

El caballo se hizo piedra
y el santo con devoción
se ha marchado para el cielo
a la derecha de Dios.

El cura oficia la misa
al pie del altar mayor.
¡Por el santo más divino...
canta el coro con ardor!

Estribillo
¡Alegría, alegría, alegría,
que alegría nos da san Martín.
La alegría que ahora tenemos
es por Ti, es por Ti, es por Ti!

LA LUNA

Con el rostro sonriente
cada noche está la Luna,
lentamente, caminando,
por la larga y vieja curva.

Sus cabellos plateados
descienden, desde la altura,
por la rampa de los vientos
al fondo de la laguna.

Al silencio de la noche,
vestida con gracia suma,
preside la fiesta astral
la reina de las alturas.

Alumbrando los senderos
de las hormigas enjutas
se desliza por las peñas
y las ventanas oscuras.

Las cuerdas de la guitarra
dicen penas que son suyas
por ojos que la miraron...
¡y que no han de abrirse nunca!

Compañera de los mares
y la Tierra en cuadratura:
de rubor la llena el día
y adormecida se azula.

¡Penetra las alamedas
–cuando los soles se ocultan–
y consuela a los cipreses
y epitafios de las tumbas!

LA CLARA NOCHE ME INVITA

La clara noche me invita
a conversar con la Luna.
Lleva el talle amoratado
trazando la misma curva.

Con tus fuerzas misteriosas
las olas del mar empujas
sobre rocas de la orilla
y las arenas más puras.

Regueros de luz, en sombras,
por los trigales dibujas
en esta noche de insomnio,
que me encanta y atribula.

Presumo que a mis deseos
respondes porque me escuchas…
Doras torres de Castilla
y cabañas sin fortuna.

Caminas del monte al valle
y peinas en las lagunas,
y acicalas los contornos
de tus ojeras oscuras.

Rielas alta y solitaria,
las fuentes de ti murmuran…
caminando hacia esos mares
que tus espejos alumbran.

¡No te olvidas de los parques
ni de campos de aceitunas;
donde mandan las guitarras
sus penas hacia la altura!

¡¡Lleva historias en el alma
grabadas a sangre y pluma
de mortales invasores...
y de las luchas morunas!!

LA PRIMAVERA INFINITA

Brillan por todas partes
las delicias matutinas.
Alza los brazos al cielo
la primavera infinita.

Claras perlas da el rocío
a la hondura de la vida
de abriles y mayos juntos,
donde los dioses se humillan.

Hoy ofrece la mañana
conciertos de sol en minas.
Ya palpitan en el prado
frescas flores amarillas.

En el jardín silencioso
destacan los tonos lilas
y sabe a mieles y juncos
el aire que se respira.

La corriente del arroyo
se hermana con las orillas
de las curvas recoletas
son sus espumas divinas.

De aleros y los balcones
se adueñan las golondrinas
amasando barro y paja
laboriosas, sucesivas.

Ya las rosas pudorosas
de los parques se arrodillan
rebosantes de belleza
y en sus encantos cautivas.

Por caminos y cañadas
—en un trueque de armonía—
¡se llenan de paz y amor…
las almas agradecidas!

LA NOSTALGIA Y EL SUEÑO DE LA VIDA

Inexorablemente camino, sin cesar,
por andamios de mustias violetas enjauladas.
Un viento misterioso me empuja hacia la Mar
subyugando mis costados y piernas cansadas.

Pretendo aliviarlas a la sombra más divina
y, a solas, meditar la vida que estoy soñando;
mas, esta natural inclinación se difumina
mientras mis fuerzas, vencidas, siguen navegando.

Sueñan los cristales de mi alma estar soñando
convertidos en claras lunas de mil ventanas.
A veces verdugos de alados que madrugando
toman el rumbo equivocado de las mañanas.

Andamos por rastrojos de mieses sin veranos
con el eco asonante de lejanas primaveras.
Hay sacras letanías de sudor en las manos
con labores, pasadas, de mieles y de ceras.

Ciegos de condición buscamos lo que tenemos.
Esclavos de bienes y dichas que mal gozamos,
viajamos, bajo cielos, por tierra y sus extremos
aferrados al destino, ignorando a dónde vamos…

Este tren que nos lleva, insomne, sigue sin rumbo.
No silba ni se calla, ni yerra los caminos.
Atrás va dejando los barandales del mundo
herido de alegres y de tristes peregrinos.

Pobre es la osadía de renunciar a este sueño.
No cabe volver atrás a libar tiempos idos.
Regresar al pasado tarea fue de vano empeño…
¡Incomoda el pulso de la vida y sus sentidos!

LA VIDA DEL CAMPESINO

La vida el campesino
solo el bravo la pretende,
solo el férreo la resiste,
todo blando la aborrece…

La dicha encuentra en el surco
desde que el gallo amanece,
así se pasa la vida
y así transcurren los meses.

El fruto de las cosechas,
si en mercado va por veinte…
se lo pagan solo a cinco
y a vivir del cuento… ¡Pepe!

Lo rodean sanguijuelas
que sed de su sangre tienen;
esas que engordan chupando
el sudor de ajenas frentes.

Los parásitos le adulan
y con promesas, que mienten,
le dicen: si ya eres rico…
¡qué pretendes, qué más quieres!

Él nació para el escarnio
desde antaño para siempre.
¡Pues, domeñando la tierra
vino al mundo… y envejece!

¡¡Manteniendo, noche y día,
a todo bicho viviente…
alimenta más corbatas
que estrellas el cielo tiene!!

LAS NUBES SERÁN MAÑANA...

Oigo entrechocar las nubes rizosas,
    muy jóvenes e inquietas,
buscando las praderas portentosas,
    pinares y las setas.

En su fiesta celestial se congregan,
    tan altas, sorbo a sorbo.
Con suaves danzas de futuro llegan
    por sendas sin estorbo

a los dominios de águilas y montes,
    con signos de azucenas
y esperanzas de todos los faetontes
    que existen sin cadenas.

Sonoro regato serán, mañana,
    sus gotas semejantes
y verdor en la huerta soberana
    en rosas y guisantes.

Por las venas del sauce reverente
    andarán, silenciosas,
junto al concierto del Chochín que miente
    en horas venturosas...

Serán latidos de vida en la charca
    en marzos repetidos
y en los remos, insomnes, que la barca
    lleva, a su estela, unidos.

¿Irán y vendrán las gotas, soñando,
    desde el mar a la tierra
con el velero que se fue alejando...
    y el Chochín que nos yerra?

LAS REJAS DE TU VENTANA

¡Las rejas de tu ventana
las llevo en el corazón
de la noche a la mañana
y después que sale el Sol!

Dice tu madre que fumo
y por fumar me desprecia.
¡La culpa tiene el tabaco
que me vende la estanquera!

Y es que, niña, cuando fumo,
en el humo veo la cara
de la moza más hermosa…
¡que entre todas las serranas!

Anda diciendo tu madre
que yo para ti soy poco.
¡Que te lleve a la alameda
y te case con un chopo!

Si me cruzo con tu madre
me tiemblan las pantorrillas
y hasta pierdo los andares
si de soslayo me mira.

La llaman espanta–yernos:
–en el baile y a la puerta–
Se recela y desconfía…
¡Como cabra o jaca tuerta!

Ella dice que defiende
lo que es suyo con ardor,
y yo digo que no entiende
los caprichos del amor...

Por rondar tu calle a oscuras
me llevan a la prisión
con grilletes y amarguras
como si fuera un ladrón.

No me encierre, señor guardia,
que mi amor es tierno y verde;
¡y aquí me tienes serrana...
para rondar y quererte!

¡¡Las rejas de tu ventana
las llevo en el corazón
de la noche a la mañana
y después que sale el Sol!!

LAS PENURIAS DE HILARIO

Contrabandista a pie

Camina macuto al hombro
y una manta con girones
regreso de Portugal
por los ríos y los montes.

Camisa de lino lleva,
de pana los pantalones,
moruno cinto de lona
en los hijares de bronce.

Con la carga de café
—más duro que el alcornoque—
oye lobos y lechuzas
en el cuajo de la noche.

Por parajes sin veredas,
con veinte paquetes dobles,
hablando con el silencio
las heridas le responden.

Con los pies escarnecidos
oculta la carga y come
mendrugos de pan moreno.
¡El río retumba y corre!

Obliga cruzarlo a nado
–cual los peces nadadores–
porque el puente lo taponan
los fusiles y uniformes.

Siete leguas ha ganado
y otras tantas reconoce.
¡Anonada, cuerpo a cuerpo,
la dureza de otros hombres!

¡Esquivando cien cabañas,
con un hato de ilusiones,
soñaba que alcanzaría
la cumbre de los señores!

LA VIDA EN CALMA

Ha llegado el tiempo frío
y varias fiestas pasadas.
Ya callaron instrumentos
que amenizaban la plaza.

Ya cesó la algarabía
de modernas muchachadas.
Las que daban colorido
a las peñas y las farras.

Caminan los estudiantes
con su gorro y su bufanda,
y los libros bajo el brazo
al pupitre de las aulas.

Los bares están tranquilos.
Solitarias las posadas;
la brisa acaricia el rostro
de las gentes aldeanas.

Comienzan los días grises
con sus tardes de escarlata
festonando el horizonte
de preciosas enramadas.

En medianas soledades
camina la vida en calma
con sucesión de unas horas
que a veces parecen santas.

Marcharon veraneantes
a las ciudades lejanas.
Tanto, ya, los recordamos…
¡que su ausencia llora el alma!

A los idos y presentes
acompaña la nostalgia
cabalgando sobre el tiempo…
¡con la luz de la esperanza!

¡Para algunos sentimientos
huelgan letras y palabras,
los tinteros y las plumas
y las frases ilustradas!

¡¡Solitaria está la calle,
trancas y puertas candadas.
Tan solo suenan los pasos
del fulano de la vara!!

MUERE LA TARDE REDONDA

Muere la tarde redonda
en los brazos de la Luna
y hacen bailes sin disfraces,
las ranas en las lagunas.

Van por altos corredores
en silencio las lechuzas
—entre luces de alabastro—
por las sombras iracundas.

Ya descansan los albatros
sobre las piedras desnudas
arrullados por las olas
con sus peces y medusas.

Los alazanes del viento
encabritados patrullan
enojosos y sin norte
por alamedas oscuras.

Las fuentes de la ribera
entre los juncos murmuran
y parten a los jardines
cifrados en donosura.

Hija del día la noche
augusta nace en la cuna
de los relojes del tiempo
con calmas, vientos y lunas.

¡Con la vida frente a frente
los misterios de dibujan
y los grillos apostados
llenan el campo de música!

MEDITACIONES

Este mundo pretencioso
respiramos poro a poro.
Mas, ¿no fuera más hermoso
el gozar santo reposo...
ligeros de plata y oro?

De Manrique los consejos
—con diversos pareceres—
se impregnaron los espejos
en que tomaron los viejos
consejos y menesteres.

Si la vida es un instante
de brevísima ilusión,
pues miremos adelante
sin temer que nos espante
nuestra estirpe y condición.

Aprendió de los divinos
el que vive por sus manos
descubriendo sus caminos
apartando los espinos
más hirientes y cercanos.

Es feliz y dolorosa
esta vida que gozamos
como el cutis de la rosa
sedalina y espinosa...
que por bella la tocamos.

Cada cual vamos, romero,
hacia la meta ignorada;
ya con norte lisonjero
o el dolor más duradero
de esta estancia sin morada.

Pretendamos la cordura
con la luz del santo cielo
que brille la noche oscura,
las quebradas y espesura,
y criaturas de este suelo.

Compartamos sombra y luz
que sube del llano al monte
como dijo el de la Cruz
–en madero de arcabuz–
cuando tembló el horizonte.

Tienen fiestas y dolores
los inviernos y veranos,
y primaveras sin flores
y otoños sin surtidores
en los jardines humanos.

Esta vida es laberinto
de tortuosos cristales
que si usamos buen instinto
vencerlo será distinto,
sofocando muchos males.

Dulce cantar de las aves:
líbranos de cien cadenas,
dale norte a nuestras naves
por mares con olas graves...
con la flauta que tú suenas.

No perdamos la esperanza
ni erremos este camino,
que la gloria al fin se alcanza
con hechos de buena andanza
y un corazón cristalino.

Admiremos la hermosura
que exaltó la primavera
y la fuente que murmura,
rodeada de verdura,
a los pies de la ladera.

¡¡Del color que la pintemos
es la estampa de la vida
que por ventura tenemos
y que en claro nunca vemos
su final ni la partida!!

EL DOLOR DE LOS JUSTOS
S<small>ONETO</small>

Retumba en el gong de la mañana
el llanto de narcisos y azucenas
y al trueno de cardales de condenas
sufren los justos de la grey humana.

Sienten el dolor de la sangre hermana,
escuchan el tropel de las cadenas
que persiguen los huesos y las venas
de la vida tan propia y soberana.

¡Se agitan las desdichas terrenales...
y enojan a los santos, por el Cielo,
que rezan por los hombres y sus males!

¡¡Al fin el Señor les dará el consuelo
en su gloria, de siglos sin finales,
con vida de espuma y terciopelo!!

EL MOZO SE FUE A LA GUERRA

Ya no suena el tamboril
en el baile de la plaza.
Solitaria está la calle;
apenadas las muchachas.

Dios me guarde el hijo mío
de enemigos y de balas,
y que vuelva victorioso
a su pueblo y a su casa.

Yo le espero noche y día
apoyada en la ventana…
aferrada a los caminos
por donde solo marchaba.

Los días parecen siglos
que ni llegan ni se acaban.
Llevo su nombre en la boca
y en el pecho sus batallas.

Mi cartero trae noticias
en el vuelo de una carta
donde dice cosas buenas
mi soldadito del alma.

¡No llores madre querida
que mucho sirvo a la patria,
valiente y atrincherado;
donde las bombas no alcanzan!

EL GALLO NEGRO DEL MESÓN

Ya sopla el gallo atezado
su puro clarín de plata
bordando con notas de oro
la culebrillas del Alba.

Presuroso llama al día
el timbre de su garganta
y al punto baja el harén
de los catres de hojalata.

El rey de la cortesía
—tan sobrado de elegancia—
en cortejos y atenciones
no sosiega ni descansa.

Es dueño del mudagal
cuando canta y cuando escarba
persiguiendo a los gusanos
que murmurando regala.

Es hermoso entre lo bello
de las bellas madrugadas
el galán de capa negra
y la cresta festonada.

Por estancias del mesón
va su garbo y su palabra,
y a cualquier hora del día,
pues, vuelve a pulsar la flauta.

¡Si en sus fuentes ejemplares
bebiera la raza humana…
la vida sería más dulce
en hogares y las plazas!

EN LA NOCHE TENEBROSA

Noche cerrada, sin luna,
donde todo se ambiciona.
Gimen las piedras, una a una,
bajo vil y oscura lona.

Entristecidas las cosas,
parecen vivir sin nombres
los claveles y las rosas
en jardines de los hombres.

Todo tras de sí se oculta
en su efímero reposo.
La jara se muestra inculta
en el monte proceloso.

Irrumpe en la oscuridad
el grillo de los caminos
con el arpa y la lealtad
de sus teclados divinos.

Luchan, feroces, los ojos
en las puertas tenebrosas
llenas de extraños cerrojos
y razones recelosas.

El silencio se desboca
y grita desesperado
saltando de roca en roca
confundido y enojado.

¡Disipado el panorama
y dormido lo que encierra
honda pena se derrama
en lo bello de la tierra!

ENTRE NANAS Y CENCERROS

En un libro de bolsillo
quisiera narrar la historia
de la vida de un chiquillo
que me viene a la memoria.

Bautizado fue de niño
en iglesia de cristianos
con el profundo cariño
de sus padres soberanos.

Fue creciendo en la cabaña
entre nanas de cencerros
en cuna de tabla y caña,
y el ladrido de los perros.

Aprendió a silbar temprano
a las cabras y los chivos...
con la cayada en la mano
para acosos y derribos.

Consolado nos revela:
que en su pueblo de Castilla,
se despidió de la escuela
con la segunda cartilla.

Fue constante compañero
de los pájaros cantores,
de la nieve y aguacero,
de carrascales y flores...

Eran tiempos sin edades,
sin excusas ni lamentos;
la razón, con sus verdades,
estaba en los alimentos...

¡Al cuidado del atajo
fue ejemplo del bien nacido
por el agreste trabajo...
que no hubiera merecido!

A NUESTROS NIETOS

Un delirio de cariño
por los nietos padecemos.
¡Enfermedad que no curan...
los jarabes de los médicos!

Los contemplamos dormidos
y los soñamos despiertos.
Son divino resplandor
que ilumina todo el cuerpo.

Recuerdan la propia imagen
de los hijos que se fueron,
entre penas y alegrías,
del tierno amoroso techo.

Ganado tienen –por siempre–
el altar de nuestro pecho.
Limpio y purificado
para el suyo lo tenemos.

Nos alegran la existencia,
ocurrentes y risueños,
con un júbilo especial...
de imposible entendimiento.

Gozamos de sus venturas
y sufrimos sus tropiezos;
pretendiendo, denodados,
que tomen nuestros consejos...

Son la mayor fortuna
que disfrutan los abuelos.
¡Valen más que las estrellas
de infinitos firmamentos!
¡¡Se arrodillan los diamantes
ante el eco de sus besos.
Con música de sus labios…
a otro mundo nos iremos!!

A CRISTÓBAL DE LA SIERRA

Les quiero contar, señores,
con mi musa puesta en uso,
que el pueblo de mis primores
es aquel que Dios nos puso

sobre tierras salmantinas
a orillas de Extremadura,
donde pacen las merinas
cuando el campo se madura.

Aunque en él no fui nacido,
se quedó en mi corazón
para siempre tan prendido
que me da vida y razón

para sentirme lobero
de los pies a la cabeza,
por lo mucho que le quiero
con su paz y su belleza.

Este lugar de Castilla
es pueblo de mil sabores
porque a todos maravilla
y cualquiera le echa flores.

Como patria encantadora
de mis años juveniles,
pues me duele cuando llora
con sus lágrimas gentiles.

Tiene una lancha famosa
llamada del Pajarito,
que impertérrita reposa
para hurgar el infinito.

Tan cercano tiene el cielo,
aunque parezca lejano,
que se toca desde el suelo
en las noches de verano.

Con la paz en la mochila
hasta que el alba despierte,
larga es la noche y tranquila,
ensoñadora y celeste.

Unos cuentan los luceros
que tiemblan amontonados
y aunque gastan muchos ceros…
siempre quedan mal contados.

Sobre las doce y la una
soñando el tiempo gastamos
con el cerco de la Luna,
pero nunca lo alcanzamos.

Para ausentes y presentes
termina este fiel rosario:
¡Es pueblo de buenas gentes,
sencillo y hospitalario!

A SILVIA, DE SU ABUELA SIRA

Por la noche y por el día
mi pensamiento te adora;
cuando estoy en tu presencia,
mi vida siento en la gloria.

Cada abrazo es un tesoro
que mi vida glorifica,
que me lleva a un mundo nuevo
de ilusiones y caricias.

Tus palabras me consuelan
y me calman los dolores
más que frascos de farmacia
con esencias de los montes.

Virtuosa del violín:
cada nota fresca y pura
me engalana el corazón
de esperanzas y venturas.

Al salero que tú tienes
no hay ninguno que lo iguale
porque tienes más montones
que tienen catorce mares.

Hay un hilo misterioso,
que nos une y no se parte,
acortando las distancias
de las tierras y los mares.

Cuando dices que me quieres
con tu lengua sandunguera,
yo respondo que te adoro,
hermosa y querida nieta.

Bajo el mismo firmamento
de mi historia formas parte
con la dicha de saber...
que no puedes olvidarme.

A NUESTROS SANITARIOS

Cristóbal tiene el orgullo
–con fiesta de cascabeles–
de tener al gran Ramón
al lado de doña Nieves.

Se levantan con estrellas
de bóveda celeste,
antes de que el rigor del gallo
con su clarín les despierte.

A largos kilometrajes
por nosotros se someten,
arrostrando los peligros
de averías y accidentes.

Se esperan como agua en mayo:
lunes, miércoles y viernes
en el viejo consultorio,
donde vamos los pacientes,

todos vestidos de gala,
con la ropa más decente
en señal del buen respeto
que como humanos merecen.

A las puertas del trabajo
arriban, sin detenerse,
y comienza el ajetreo
de instrumentos y papeles.

Don Ramón nos cura heridas,
da pastillas doña Nieves
que calman esos dolores...
que atormentan y enloquecen.

En aras de la salud
—que es el mayor de los bienes—
dan recetas y consejos
y boticas excelentes.

Sin salud no hay alegrías
que en el cuerpo perseveren;
siendo la vida un tormento
que ningún cristiano entiende.

Don Ramón nos pone vendas,
tratamientos doña Nieves
que consuelan a quejicas
y también a los valientes.

Pues en casos complicados
—por duchos y competentes—
siempre toman el camino
que interesa y más conviene...

No hay vara para medir
los halagos que merecen,
aunque ellos nada le piden
a este mundo irreverente...

¡Hoy rogamos, todo el pueblo,
que nunca jamás nos dejen,
que siempre nos acompañen
y sirvan con sus saberes!

¡¡Con tan solo su presencia
la esperanza se mantiene…
y la idea de faltarnos
nos agobia y entristece!!

FIESTAS DEL CRISTO

Repicaron las campanas
por Cristo divino y Santo
con el alto regocijo
que enardece a los cristianos.

Pues después de un largo tiempo
la costumbre retomamos
de ofrecer al Santo Cristo
la fiesta mayor del año.

Frente al mal de la pandemia
los días se hicieron años,
con saludos a distancia
y funerales callados…

Son momentos de ternuras,
emociones y agasajos
en pueblo de buena fe,
sencillo y hospitalario.

Es grandioso privilegio
dedicar al Cristo amado
la fiesta mayor de todas
desde tiempos muy lejanos.

Dios de todo el universo,
tú fuiste crucificado,
con una muerte de cruz,
con el trato más amargo.

Por las gentes de Cristóbal
siempre fuiste venerado
con rezos y procesiones
y salmos arrodillados.

Tú das dicha y esperanzas
de la gloria que esperamos
y que un día prometiste
caminando hacia el calvario.

No hay fiesta como la tuya
bajo el cielo castellano.
¡Dulces fiestas de septiembre
que con pasión celebramos!

Que retumbe el tamboril,
que se agite el campanario,
y el coro de la tribuna
nos deleite entusiasmado.

Hoy te pide todo el mundo
aguaceros sobre el campo
con ruego de los vaqueros
y el alma del hortelano.

¡¡Viva el Cristo de la Ermita
y Ayuntamiento formado.
Que viva la concurrencia
con don Jesús, para siempre,
que es un cura extraordinario!!

A LA ORQUÍDEA EN LA VENTANA

Fresca y lozana llegó
a la luz de la ventana
alegrando su belleza
nuestros gestos y palabras.

Las estancias del salón
decora con la elegancia
que le dio naturaleza
una idílica alborada.

Como reina de las flores
es muy digna de alcazabas,
y un castillo inexpugnable
con guardas en las murallas.

Ella pasa noche y día
custodiando la ventana,
merecedora de honores
y ser siempre bien tratada.

En un juego de vaivenes
que el cielo lunar nos manda,
le presta luces y sombras
la melena de la acacia.

Cercana a los cuatro vientos
—presente en las nieves blandas—
con halos de perfección…
nada sobra ni le falta.

Ella muere y resucita
por gracia de vida extraña.
En el cambio de colores…
ni el tal camaleón la iguala.

Rebosa romanticismo,
siempre vestida de gala,
prevenida de ropajes,
para las fiestas urbanas.

Por su adorable ternura
y presencia soberana,
ya, las fuentes de los parques
la veneran y reclaman.

Su primorosa hermosura
toca las fibras del alma
cuando gime triste y sola
con sed de fiestas urbanas.

Se alimenta con tres gotas
de agua clara por semana.
Pues, siempre será un misterio
esta flor maravillada.

Tan solo tres gotas pide
su ternura y su fragancia,
y un golpe de luz redonda
a través de la ventana.

¡Gracias doy a quien la trajo
con cariño a esta morada
como tesoro divino
que en la Tierra no se alcanza!!

AL CURA DON JESÚS

En el pueblo de Cristóbal
repican en las alturas
las campanas de la torre
gobernadas por el cura.

Con el nombre de Jesús
y decencia en su figura,
a la hora de la misa,
pues, se enfunda la casulla.

Con el cariño más grande
que en las iglesias se funda,
al comienzo de la misa
un bienvenidos se escucha…

Con amor al Santo Cielo
los misterios desmenuza
y ensambla lo cotidiano
en las Santas Escrituras.

Por él fuimos elegidos
con su gracia y su ternura,
y ese amor del buen cristiano
que embellece a las criaturas.

No critica a los ausentes
ni del ateo murmura;
cuenta que todos son hijos
del señor de las alturas.

¡Por todo lo que sabemos
y lo que cuenta mi pluma,
rogamos a don Jesús
que no se nos vaya nunca!

RECUERDO QUE SIENDO NIÑO

Cuando boga el viento norte
por recodos y praderas,
permanezco noche y día
en Cristóbal de la Sierra.

Rincón de silencio y paz,
con nombre de nueve letras,
donde tengo los recuerdos
más bonitos de la Tierra.

Recuerdo que, siendo niño,
mis andanzas callejeras,
se pronunciaban en sueños
en noches de luna llena.

Soñaba con vastos mares
y el viento sobre la vela
de un barco que me llevaba
hasta el confín de la Tierra.

Volaba sobre tejados
y avenidas turbulentas
que arrasaban las ciudades
bajo el temblor de mis piernas...

Amanecía en el lecho
reclinada la cabeza
en la rústica almohada
y pensamiento entre tinieblas.

Hubo dichas y fatigas
por razones muy concretas,
cuando estaba tan en boga
la esquivez de la peseta.

Entre sueños y esperanzas
la vida pasaba lenta,
con deseos de que el futuro
llamara a la propia puerta.

Desde el atril del presente
el ser humano se empeña
en alcanzar el futuro
y el futuro nunca llega…

Es huidizo, inalcanzable;
nos lo enseña la experiencia.
¡No saldremos del presente
por más días que amanezcan!

A MARTA, DIEGO Y SILVIA

No descifran las palabras,
ni sucesiones de cifras,
la pasión por estos nietos
llegados a nuestras vidas.

Con la luz de su hermosura
se despierta la poesía
cual temprano ruiseñor
que pulsa su eterna lira.

Son altares que adornamos
–las horas de noche y día–
dulcemente los abuelos
con perennes alegrías.

Iluminan nuestros ojos
en la noche más sombría
cual edenes de colores
con sus rosas encendidas.

Pues llegando a nuestro lado
viejas penas se disipan
y manifiestan las musas
que amorosas acarician.

Su presencia nos consuela,
sus besos nos glorifican
con la sabia de un futuro
que el presente necesita...

Educados con ternura
y amorosa disciplina,
relumbran más que los soles
esteparios de Castilla.

Ellos son nuevas campanas
que en nuestro pecho repican,
engalanadas de fiesta
con la ilusión divina.

Fulgorosos carruseles,
de las ferias septembrinas,
gozo fueron de los niños
y mayores en familia...

En una noche de reyes
se agitó la campanilla,
y el personaje ilusorio
se esfumó en la niebla fina.

Ríos son de nuestra sangre
que renovada camina
por riachuelos de esperanza
con rumor de fantasías.

Himno de amor son sus ojos
cuando en los nuestros se miran;
soles que alumbran la ruta
de esta vida peregrina...

Ellos son los sucesores
de nuestro amor y semilla;
en profundo palpitar
del surco de nuestras vidas.

¡En sus manos dejaremos
el timón, sobre la orilla,
de este mundo de avatares
y dichas a la medida!

A ANTONIO LUENGO –JARAMAGO–

Él nació en un día cualquiera,
como nacen los mortales,
esperado y deseado,
para gloria de sus padres.

Vestido de azul celeste
y blanquísimos pañales,
era una joya divina
en los brazos de la madre.

El cariño y atenciones
llegaban de todas partes,
con música de cencerros
por agrestes matorrales.

Supo dormir en cabañas
–sin cancelas y sin llaves–,
arrullado por ladridos
de mastines guardianes.

Fue creciendo entre dos tierras,
con ciertas dificultades;
una fue la castellana,
la otra, extremeña lindante.

Estudió la dignidad
en el alma de sus padres;
libro pleno de consejos
con principios intachables.

Heredó como fortuna
la decencia y un talante
que utiliza noche y día
en quehaceres importantes.

Una hija y esposa tiene
—porque el niño se hizo grande—
de las que nunca se olvida
en tantos kilometrajes...

Es cordial con los amigos
y seres de raro encaste.
De rencores y venganzas...
nada entiende, nada sabe.

Su palabra y cortesía
admiran otros alcaldes.
Tiene un cargo, el salmantino...
que no lo desprecia nadie.

Bien recuerda aquel consejo
recibido de su padre:
¡trata bien a todo el mundo,
que no se me queje nadie!

A SAN MARTÍN

¡Cuánta dicha se respira
en este divino templo
adorando a san Martín
con profundo sentimiento!

Al nuncio de la mañana
se rompían los silencios.
¡Era inmensa la emoción
de todo cristobaleño!

Hombres, niños y mujeres,
con los ánimos dispuestos,
se vistieron muy de gala
con sus ropajes más nuevos.

San Martín se celebraba
y la fiesta alzaba el vuelo.
¡Era un día de alegría
para el alma de este pueblo!

Al repicar las campanas
se avivaban los anhelos:
las calles se engalanaron
con sones tamborileros.

¡A ti, san Martín glorioso,
con más luz que el firmamento,
dedicamos esta misa
en tu día más excelso!

Fuiste fuente de bondad
de chorro limpio y sereno.
¡Por humilde y por piadoso
en Cristóbal te queremos!

Escrita quedó tu historia
en la cumbre de los buenos
cuando partiste tu capa
con el pobre pordiosero.

Caminaste por la Tierra
entre abrojos y tropiezos;
incansable peregrino
tras Jesús el Nazareno.

Hoy moras a su derecha
en la gloria de lo eterno
con la santa y media capa
que cubrió tu medio cuerpo.

Veneramos a tu imagen
con los venidos de lejos
con sus promesas y salmos,
solemnidades y rezos.

Por tu gracia canta el coro,
entre misterio y misterio,
y cantará con tu nombre
hasta el final de los tiempos.

El traspaso de la capa
es un plácido momento;
un torrente de emociones…
¡que describir no podremos!

En un clima de hermandad
–donde nadie es forastero–
hoy estamos invitados
a un banquete suculento.

¡Llevadas serán las fiestas
de San Martín de los cielos
en procesión fervorosa
al trono de los recuerdos!

¡¡Viva y viva San Martín
y el cura que se hizo nuestro,
la alegría del gentío…
y ediles de ayuntamientos!!

A FILIBERTO
Elegía

A las cinco de la tarde
doblan, tocando a muerto,
las campanas de la torre
de la iglesia de su pueblo.

El gentío va enlutado,
paso a paso, tras el féretro,
por la calle principal
hacia el ábside del templo.

Diez coronas acompañan
al bendito Filiberto
de claveles y de rosas,
y de frescos crisantemos.

El cura –solemnemente–
ya reza por el sosiego
que merece nuestro hermano
en las estancias del Cielo.

Con lágrimas y suspiros,
hasta el final de los tiempos,
se despidió con amor
en el viejo cementerio.

Entre dichas y penurias,
a sorbos malos y buenos…
pasó por la vida, andando
de puntillas, en silencio.

Al calor de la familia
consumió los años viejos
–de una vida prolongada–
el santo cristobaleño.

¡¡Hombre fue de buena fe;
de exquisitos sentimientos!!
¡Un honrado ciudadano,
que siempre recordaremos!

POR CIPRESES Y LAS CRUCES

Todo es paz y la armonía
que en la vida no tuvieron.
La misma justicia reina
en el rico y pordiosero.

Ya todos están conformes
con su estado y los linderos;
no hay lugar para el rencor
ni gravosos documentos.

Harapos y finos trajes
igualaron a sus dueños.
De los lloros pantanosos
se olvidaron los primeros.

El señor dejó sus bienes
en el castillo soberbio
y los esclavos, serviles,
en la cresta de los cerros.

Ya libres de torpe envidia,
entregados a otros sueños,
todo es paz y mansedumbre
balsámica sobre el tiempo.

¡Un pacto de eternidades
canta el ruiseñor eterno
por cipreses y las cruces,
y apellidos de sus dueños!

NOCHE DE FARRA

Suena alegre la guitarra,
en el centro de la farra,
con el vino de pitarra.

La media noche se llega
y arde el fuego, en la bodega,
que asa carne de borrega

esta noche de Santiago
a la luz del cielo mago
entre trago y otro trago.

–Se espera la noche eterna,
librados de la galerna,
con morapio de taberna.

La guitarra está contenta
y el guitarrista se sienta
ante el fuego que calienta

las cuerdas de la guitarra
mientras que dure la farra
yendo y viniendo la jarra.

¡Al fin llega Asunción
y echa vino peleón
en la panza del porrón!

LA SUERTE DEL MARINERO

No presumo de valiente
ni por cobarde me tengo;
pero me pueden los ojos
de una mocita del puerto.

Ella queda musitando
la suerte del marinero
agitando, con tristeza,
en el aire su pañuelo.

Toda el agua de los mares
tiene sal de su salero
y en la brisa que respiro
resplandece su recuerdo.

Cuando voy por alta mar,
voy contando los luceros,
y la cuenta no me sale…
porque falta el que yo quiero.

¡Yo no digo que mi novia
sea la mejor del puerto,
pero sí digo que tiene…
de los mares el salero!

A LAS PUERTAS DEL INVIERNO

Termina el otoño
en anchos confines.
Grillos del camino
se atrincheran tristes.

Callan las cigarras
a viejos atriles;
en pos de la muerte
silenciosas viven.

Las ramas del bosque
que a los vientos sirven
de flautas y liras
de hojas se desvisten.

Bajan hasta el valle
cabras y mastines,
los montes se quedan
muy solos y grises.

Tiemblan las veredas,
gimen los jardines
por rosas finadas
de mayos y abriles.

A fiestas o lutos
sin demora asisten
mendigos y reyes
con emperatrices.

Todo nace y muere;
todo muere y sigue,
y aunque no se entienda...
¡todo se repite!

ESPERANDO LA MUSA DE MIS SUEÑOS
SONETO

Camino bajo el alto firmamento
confuso entre virtudes y pecados.
Vestido de vocablos, mal usados,
persigo las estelas del talento.

Buceo entre episodios, que mal cuento,
admirando a bellísimos alados
que alegran arboledas y los prados,
y sombras aburridas del jumento.

Mi pluma cuando escribe titubea
como tallo en edenes abrileños,
como toro rendido en la pelea.

Esperando la musa de mis sueños
me abandono en la fuente Galatea
rodeado de suspiros y beleños.

A SAN MARTÍN

Hoy tu nombre celebramos
con el cariño y la fuerza
que nos presta el Dios del Cielo
y el emporio de una fiesta

que florece cada otoño
a la puerta de la iglesia
con perfumes celestiales
y la esencia de la Tierra.

Elegiste esta morada
en el balcón de la sierra
donde se palpan cien pueblos
y se tocan las estrellas.

Incansable peregrino
–compasivo de conciencia–
tu piedad brilló de amor
al partir la capa entera.

Que el pobre tocó tus pies
las escrituras nos cuentan
y que el hecho te hizo santo,
y te dio la vida eterna.

Pues, el once de noviembre
por tu imagen se congregan
feligreses y personas
venidas de largas tierras.

Todo el pueblo de Cristóbal
encantado te venera
y postrado de rodillas
con sentimiento te reza.

Por san Martín de los cielos
santa misa se celebra
con tamboriles y un coro
que armonioso le recuerda.

Es un día de hermandad,
con comida suculenta,
donde cabe todo el pueblo
y personas forasteras.

Ya Cristóbal tiene fama
de ofrecer mantel y mesa,
y con cariño manjares
del cochino y de la huerta.

La charanga, divertida,
armoniza la capea,
donde se luce una burra
con las patitas traseras...

Llegada la media noche
suena fuerte la verbena
y, si amenaza la lluvia,
se baila en la carpa inmensa.

La juventud, salseando,
se divierte a toda vela
mientras dicen los mayores:
¡ha llegado la tormenta!

Hay encuentros de amistades,
alegría que no cesa,
y exquisita cortesía
en galanes y doncellas.

Pues todo por san Martín
va ligero por las venas
y con fotos de Tomás
saldremos en *La Gaceta*.

¡¡Viva y viva San Martín
–que es el alma de la fiesta–,
Ayuntamiento y gentío
y don Jesús en su iglesia!!

¡A CRISTÓBAL, BUEN AMIGO!

Cristóbal no tiene puertas
que te paren, buen amigo,
puedes pasar, cuando quieras,
con la paz en tus bolsillos.

Calles de sosiego llenas
encontrarás, buen amigo,
y un silencio en las callejas
de tonos adormecidos.

Es el balcón de dos sierras
la lancha del pajarito,
donde duermen las estrellas
y los luceros antiguos.

Proyectan las chimeneas
columnas al infinito
del humo de las hogueras
y los vahos de los guisos.

Pues, Cristóbal buena mesa
–con mantel humilde y limpio–
al forastero le entrega...
¡y lo toma por amigo!

Con muros de cal y piedra
es el edén más tranquilo,
buen amigo, de la Tierra...
¡porque Dios así lo quiso!

A SAN MARTÍN

Repicaron en la torre
las campanas pregoneras
anunciando a san Martín,
el patrón de nuestra iglesia.

El aire que respiramos
acaricia la veleta
de la torre de Cristóbal
y con los cielos conversa.

Platica con san Martín
que en la gloria ya se encuentra
rogando para nosotros
las acciones más perfectas...

para que triunfe el amor
sobre males y quimeras,
sostenidos en la fe
que llevó por compañera.

La santidad de su nombre
nos conforta y nos consuela
y despierta la esperanza
de esta vida pasajera...

Él anduvo, sin sosiego,
los caminos de la Tierra
y ganó la eternidad
al partir su capa vieja.

¡Al servicio del Señor
dedicó su vida entera
con obras de aquel cristiano
que con otro mundo sueña!

–Es un día jubiloso
en Cristóbal de La Sierra.
Con promesas, ante el cielo…
¡Todos cantan y le rezan!

Hoy sonríe san Martín,
con su bondad y grandeza,
agradeciendo a los fieles
el emporio de la fiesta.

Chicas y chicos del coro
vinieron a su presencia
a ofrecerle sus canciones…
¡porque lo quieren de veras!

Los ecos del tamboril
por los espacios navegan
y acompañan a la misa
que, solemne, se celebra.

Por Él suenan instrumentos
de charangas y verbenas,
y en su nombre se desborda
la alegría de las peñas.

Con aplausos y estandarte…
–bordado con fina seda–
¡todo el pueblo lo proclama
y con fervor lo venera!

¡Para Él salmos y oraciones,
un ramo de flores frescas,
y vítores con palabras
hermosas y lisonjeras!

¡Viva y viva san Martín…
y el gentío de la fiesta!
¡Que viva el Ayuntamiento…
y el párroco de la iglesia!

A LOS LABRADORES DE ANTAÑO

El viento sopla y hostiga
los bardales y besanas;
las colleras van y vienen,
y musican las calandrias.

Tararea el labrador
la canción de la esperanza,
mientras le rompe la reja,
a la tierra, las entrañas.

Tras la estela del arado
caminaron sus abarcas,
tropezando en los terrones
de la tierra apelmazada.

Peregrino de los surcos
de los terruños de España:
tú soñaste, muy despierto,
con cosechas enceradas.

¡Oh, labrador aguerrido:
con tus manos encalladas
cultivaste los tablares
de las pampas castellanas!

A los amplios horizontes
dirigías la mirada
imaginando las eras
con las mieses, ya trilladas.

Con los ojos en el cielo
rogabas piedades altas
a la fusta del granizo
de las nubes enojadas.

Coronado de ilusiones,
en la estepa castellana,
madrugaste más que el gallo
de los maitines del alba.

Con tus brazos poderosos
venciste a la tierra brava,
con pasiones infinitas;
con medidas planetarias...

Con los ríos de tu frente,
regaste la tierra parda,
entre gozos y avatares,
entre suspiros y lágrimas.

Con la sangre enardecida:
en la diestra, la aguijada,
y en la izquierda los aperos...
¡con el futuro soñabas!

Domeñaste en los cantones,
inmortales de la grama,
a quiméricos abrojos
con paciencia inusitada.

El reptil de los majanos
en abril te acompañaba
en medio de los barbechos
y al borde de las cañadas.

De la creación en el centro,
antes que el Sol se anunciara,
ondeaban las banderas
de la intrépida jornada.

Alegre fuiste bailando
los domingos en la plaza
con borneos exquisitos
al compás de la dulzaina.

Sin laureles fuiste un héroe
—que los titanes no igualan—
por los panes candeales,
girasoles y cebadas.

En el tren del porvenir
cada noche te embarcabas
con la constancia del tiempo
caminando a tus espaldas.

A la par de literatos
que las letras enseñaban,
fuiste troquel del presente
en los pueblos y montañas.

¡Con alma y condición maduras
respetaste la palabra,
con tinta en documentos
que en los archivos se guardan!

Tu lengua de entendimiento
fue la lengua castellana,
más divina y trasparente
que los espejos del agua.

Olvidarte es un pecado
que hasta a los cielos espanta...
¡porque labraste el sustento
de las gentes castellanas!

A CRISTÓBAL I

Cristóbal del alma mía:
si yo supiera cantar,
cantaría noche y día,
para ti, sin descansar.

De este pueblo, que yo quiero,
imposible es olvidar
esa peña del Lituero,
que nadie pudo escalar.

Ella guarda los tesoros
que aún están por arrancar.
Dicen que celtas o moros...
los debieron de guardar.

Misterios del infinito
aquí puedes contemplar,
en la lancha el pajarito,
a las horas de acostar.

Desde el alto del lutero
del cielo puedes gozar,
y campos que considero...
los mosaicos de un altar.

–Tus recuerdos van conmigo
cuando tengo que marchar.
¡Dejo el corazón, contigo,
abierto de par en par!

¡¡Yo, llevaré por la Tierra
y por las olas del mar
a Cristóbal de La Sierra...
para vivir y soñar!!

A CRISTÓBAL II

¡Oh, primor de Salamanca
cuánto te quiero.
Eres música divina;
divino pueblo!

Hoy recorro tus collados
hilando versos,
respirando los aromas
de los cantuesos.

Admiro las atalayas
de alegres cerros
que parecen escaleras
tocando el cielo.

Es Cristóbal el estrado
que yo prefiero
para contar las estrellas
del firmamento.

Me hacen piedras legendarias
soñar despierto
y recordar realidades
que llevo dentro.

Van mirando los tejados
mis ojos viejos;
contemplando chimeneas
con gorros negros.

Un tesoro son sus calles
cuando paseo.
Recordando mi pasado
camino lento.

Cien repiques campaniles
llevo en el pecho,
anunciando la llegada
de mil festejos.

¡Los saludos cariñosos
de los encuentros
honra dan al habitante
del viejo pueblo!

NOSTALGIA DE LA JUVENTUD

Tiempos que gocé imberbe y vacilante,
alta dicha que comparo con el oro
al mostrar al espejo mi semblante.

Al florido pasado ya le lloro
con el alma angustiada y dolorida
con respeto agradecido y decoro.

Voy soñando en la noria de la vida
bajo el cielo del Dios omnipotente
con asiento en el tren de la partida...

Navego por los mares de la mente,
a veces, con el rumbo confundido;
cegado por el bien de lo presente.

No merezco ser más de lo que he sido
ni el menos tan molesto que ahora toco,
ni pongo lo pasado en el olvido.

Hoy pienso en el ayer tirando a loco,
en la trama insensata de aquel cuento
que hablaba de dragones y del Coco.

Temores que se fueron por el viento,
camino de los mundos de la nada,
dando paz al arrullo del aliento.

Divina juventud, nunca olvidada,
carruseles de gloria y fantasías;
historia que jamás será contada...

en el término esquivo de estos días,
al ritmo inapelable de las horas
tan plenas de tristezas y alegrías...

Oh, juventud que todo lo decoras:
alfombraste el camino de la fuente
con flores de tus manos redentoras.

Quisiera que volvieras, de repente,
con risa y hermosura de esas flores
que te hicieron galana y diferente.

Te diera como premio surtidores,
palacios y castillos almenados
con soldados, adargas y tambores.

Te diera mil caballos y mil prados
con lindes imperiosas de verduras
y heredades de montes arbolados.

Daría pretensiones y locuras,
mil campos adornados de violetas
y hasta el Sol que gobierna las alturas.

Hoy te ofrezco torreones y veletas,
que miran hacia puntos cardinales,
y la musa que cautiva a los poetas.

Te adoro en mis sueños invernales;
te sueño regresando a mi presencia
en carroza de fuego y de cristales.

¡Tus recuerdos me arañan la conciencia
con ríos de cariño maternales
y el dolor penetrante de la ausencia!

A NUESTROS HIJOS (DE SIRA Y ANTONIO)

Fruto sois de nuestras vidas
que alimenta y engrandece
ilusiones y esperanzas
amorosas y solemnes.

Vuestra imagen, buenos hijos,
tiene un lugar preferente
en los ojos de estos padres...
¡imborrable, para siempre!

Tierras y mares lo saben
y estos padres que os quieren
más que el aire que respiran...
¡en los días que les queden!

–Vuestra salud y contento
nos conforta y nos mantiene
en el sueño más dichoso,
más deseado y alegre!

Entre glorias y avatares
sois los hijos que agradecen
el amor de aquella cuna
humilde, pero caliente...

Que es la santa obligación
que al humano pertenece;
un natural compromiso
que los seres vivos tienen.

Con que nada le debéis
al trato que está perenne,
porque así lo dicta el cielo...
¡y es principal de los bienes!

Tras obrar como supimos
—equivocados a veces—
siempre seréis lo primero
en la vida y en la muerte...

Que el cariño hacia los hijos
siempre está florido y verde,
como eterna primavera...
¡con sus encantos presentes!

¡¡Sumamente agradecidos
sois los hijos excelentes:
ciudadanos de este mundo...
que todo se lo merecen!!

POR LAS FUENTES DE LO IMPURO
SONETO

Aleve se me torna y encadena
la vida placentera que procuro.
Buscando claridades hallo muro
con la esencia fatal de larga pena.

Combato por montículos de arena.
Impaciente camino por lo oscuro,
donde brotan las fuentes de lo impuro
y el alma del perdido se condena.

Me cercan las espinas de este suelo.
No hay fiera ni temor que no me ronde,
ni causa que me sirva de consuelo.

Si nada a mis anhelos le responde...
¡Espero la piedad del santo cielo,
que en sueños se me niega y se me esconde!

POR LAS CURVAS DEL SENDERO
Soneto

Advierto cuán presto pasa la vida
hacia el túnel oscuro de la muerte
donde la carne en polvo queda inerte
olvidada del alma escarnecida.

Pues no hay norte ni senda confundida:
caminos solo hay uno, de tal suerte
que entrelaza la vida con la muerte
que al nacer nos dejaron prometida.

No temo los clavos de aquel madero
ni al viento que importuna sus esferas
con silbos de culpa y desespero.

Mis huellas vagarán en las riberas
y mi sombra en las curvas del sendero
al lado de los santos y las fieras.

A LAS GOLONDRINAS

Vienes en tus alas,
de saeta dura,
de lejanas tierras
dibujando curvas.

Ya es la primavera
y parlera sumas
todos los encantos
que las flores buscan.

Pájaro temprano:
con tu trino endulzas
los nuncios del alba
y al niño en la cuna.

Quiero que al balcón
con tu nido subas
con pajas y barro
de las mil lagunas.

Tu cantar de cielo
viste de hermosura
ventanas y aleros
de las cien alturas.

El aire se prenda
de tu pluma oscura
y cielos azules
con sus cuatro lunas.

¡Pájaro de Dios,
fuente de ternuras,
gloria de Castilla,
sal de Extremadura!

A SILVIA: LA NIÑA DEL VIOLÍN

En Sóller vive la niña
que con pasión adoramos:
¡Un prodigio junto al mar
con su violín en las manos!

Ella llena de alegría
y de color nuestros años
con las notas armoniosas,
que con amor escuchamos.

Baila en Estrellas Doradas
con planta, salero y garbo;
con el ritmo en las pestañas
y suela de los zapatos.

No hay tesoros que la igualen
en castillos ni palacios.
Claros tiene los sentidos
que le fueron regalados.

En la escuela es cariñosa
con las niñas de su banco.
Es sensible y compasiva
con lo triste, con lo ingrato.

Como reina de la casa
dispone de propio cuarto;
donde ensaya y donde estudia
y acomoda los descansos.

Por ella nos sabe a miel
el aire que respiramos...
¡Y se juntan las distancias
que nos tienen separados!

VENTURAS Y CLARIDADES

Sobre el alba el ígneo Sol
el día nos trae galante
y se van a los cubiles
las alimañas cobardes.

Se descuelga silencioso
de las pampas cenitales
por los crespones azules
de la túnica del aire.

Baja y sube por los montes
con su espada inexorable.
Cada cosa en buen lugar
va poniendo como un padre.

Con su cortina de fuego,
sobre la bruma del valle,
pinta claras las alcobas
de los viejos robledales.

Los malditos se incomodan
retirados a otra parte
más allá de las callejas
de los pueblos y ciudades.

A las huertas y jardines,
pues, llega la blanca nave
amorosa y complaciendo
a gladiolos y rosales.

Se derrama hasta los cerros
el silbo de los gañanes
y hasta cantan las abarcas
a los terrones infames.

El trote de los caballos
hace música en la calle
al paso de los señores,
de cocheros y de pajes.

Vibra el yunque estremecido
por la mano venerable
del forjador artesano
de sartenes y de alfanjes.

La abeja liba, zumbando,
los floridos romerales,
paso a paso, gota a gota,
con paciencia interminable.

Todo es vida en movimiento.
¡De la mañana a la tarde
va sembrando el astro rey
venturas y claridades!

NO SOSPECHES, TIERRA MÍA

No sospeches, tierra mía,
que gozo cuando me alejo.
Bien sabe la luz del día...
¡que alma y corazón te dejo!

Va mi pobre pensamiento
suspirando por tus calles
y la vida en movimiento
de tus cerros y tus valles.

Me entusiasman tus alcores
sin veredas, sin caminos,
cuna de silvestres flores
en sus jardines divinos.

Aprovecho las veladas
de tus noches de alabastro
por grillos amenizadas
cuando gira, ausente, el astro.

En mis versos yo te adoro
con mi pluma enternecida,
a veces, trocada en lloro,
por ausencias dolorida.

¡Mis anhelos van contigo
Cristóbal del alma mía.
Pongo al cielo por testigo
que te adoro en pleitesía!

NOCHE DE REYES

La noche de Reyes,
nevada, con hielos,
dejó en la ventana
los zapatos nuevos.

Miró las estrellas
colgadas del cielo
y vio reyes Magos,
y vio tres camellos.

Estrellas de Oriente
—con la luz de enero—
inquieta la espera
de los tres romeros.

La madre le dice:
—con vocablos tiernos—
¡No saben llegar…
si esperas despierto!

Mejor que en tu cuarto
te rindas al sueño
y tomes las horas
tranquilo y sereno.

La noche pasaba
cargado de sueños,
soñando con reyes
y pardos camellos.

Llegó la mañana
borrando luceros
y el niño descalzo
saltaba del lecho.

Corrió a la ventana.
Los reyes trajeron:
espada, tambor
y el aro de hierro.

¡Con dicha inocente,
al son de los besos,
el gong del tambor
rompía el silencio!

UNAMOS LAS FRONTERAS Y PENDONES
Soneto

Perduran mis venturas y mis males
por anchos corredores de la Tierra
–con el gong del que acierta y el que yerra–
a lomos de pecados veniales.

Proclamo las estancias celestiales
que lloran los despojos de la guerra,
en todos los confines de la Tierra,
que enturbian cristalinos manantiales.

Voy soñando la paz reparadora
y el justo convivir de las naciones.
¡Con bulla de los gallos de la aurora

unamos las fronteras y pendones
en prenda de la gloria salvadora;
donde habitan los limpios corazones!

TARDE-NOCHE DE DICIEMBRE

Tarde vestida de noche
con brillos de media luna
sufre en la calle desierta
un rosario de amargura.

Equipaje cuatro mantas;
va sin parches ni fortuna.
Como perro callejero...
los recuerdos le torturan.

Va penando el caballero
de lastimosa figura.
En un respirar profundo
dichas pasadas enjuga.

No hay cadena que no arrastre,
precipicio que no suba,
mirada que le consuele
las penas en cuadratura.

No encuentra yantar ni albergue
–halla orejas que no escuchan–
en esta noche de hielos
sin conseguir lo que busca.

La piedad se desvanece,
cual humo por las alturas,
caminando triste y solo
sin esperanza ninguna.

VA RUMIANDO SOLEDADES

Golpe a golpe el indigente
—con paso dudoso y corto—
va implorando caridad
angustiado y tembloroso.

No pretende los castillos
orlados de plata y oro
tan solo un rincón caliente
y una mesa sin decoros.

Enmudecidas las aves,
los horizontes umbrosos
guarda las penas urbanas
en el cuenco de los ojos.

El relente son alfanjes
que se ensañan con el mozo,
que peregrina sin norte
bajo los cielos redondos.

Brilla el hielo en los alcorques
de los árboles frondosos
donde estrellas se dibujan
como soldados de plomo.

¡Va rumiando soledades
y universos de abandono
en esta noche repleta
de minutos perezosos!

TODO CADUCA

Cuando el cáliz no responde
al brillo de la mañana,
entra el duelo en el jardín
por sus rosas apagadas.

Escrito quedó en el cielo
que todo vivir se acaba;
que a todo llega la muerte
con su sombra y su guadaña.

Una vida y otra vida
segará la negra espada;
cuando solo con la fe
el espíritu se salva.

En tan tristes despedidas
florecen las espadañas
por la muerte de la carne
y el nacimiento del alma.

El tiempo se llevará
los suspiros y las lágrimas
por la muerte misteriosa…
¡donde solo queda el alma!

¡¡Este mundo olvidará
el llanto de las campanas
y el temblor de los cipreses…
que te acogen y acompañan!!

QUÉ TRISTE ESTÁ LA MARQUESA...

Qué triste está la marquesa,
qué importuna y descortés.
Dicen que el alma le pesa
por la ausencia del marqués.

El marqués se fue a la guerra
con su adarga y su lacayo
por caminos de la tierra
cuando niño estaba mayo.

De caballos y soldados
y escuderos se acompaña.
Va por mares enojados
alejándose de España.

Lejos suenan los tambores,
cerca pena la marquesa;
ocupa un jardín sin flores,
donde muere y vive presa.

En el suelo se arrodilla,
cada instante gime y reza;
sufre y reza en la capilla
de la antigua fortaleza.

Con los ríos de sus ojos
tiene ahogado el corazón.
Va perdiendo los antojos
y parte de la razón.

Ya tres años se han cumplido
y el marqués ha regresado...
–con su ejército perdido–
¡humillado y derrotado!

QUE PARADO ESTABA EL TIEMPO...

Enseñáronme a reír,
me enseñaron a llorar
tantas cosas de la vida
que no puedo recordar.

Caminé sobre los días,
como las olas del mar
sobre el líquido elemento,
en un trajín sin cesar.

Aunque pobre, nací alegre
con ganas de caminar
por este mundo diverso
que hace sufrir y gozar.

Que parado estaba el tiempo
a veces llegué a pensar
y los años me enseñaron
que el tiempo sabe volar...

Que es cual pájaro sin nido
que no sabe descansar,
que aletea, presuroso,
por la tierra y por el mar.

CANTO A CRISTÓBAL

De tierras de Salamanca
–muy cerca de Extremadura–
es el pueblo más bonito
que alumbran soles y lunas.

Tres barrios tiene Cristóbal
y a la sierra un mirador,
para contar los luceros
que en el cielo Dios plantó.

Son sus calles avenidas
para el Cristo en procesión,
donde va el cristobaleño
con todo su corazón.

Sus balcones dan al cielo
donde está la hermosa flor,
que riegan las buenas mozas
con el agua del pilón.

Tejen ramitos de estrellas
con las cintas del amor
platicando en la ventana
a las cuatro y a las dos.

Son los hijos de Cristóbal
más duros que el faraón.
Saben dormir en el suelo
cuando llega la ocasión.

¡No te vayas de Cristóbal,
te lo pido por favor;
porque el día que te vayas...
te has perdido lo mejor!

RECUERDO LAS HORAS...

Recuerdo las horas
de mi vida infante
en días de invierno
entre nieve y aire.

Susurros de infierno
cruzaban la calle
y el viento venía
con lenguas polares.

Con voz dolorida
ladraban los canes
roncos y enojados
en viejos corrales.

Contento de niños,
suspiros de padres,
manaban a un tiempo
distintos lenguajes.

Decía el reloj
las tres de la tarde,
erguido en la torre
de piedra imborrable.

Abría la puerta
de una escuela grande
un solo maestro
serio y respetable.

Primero que el libro:
rezos y cantares.
Banderas y patrias
estaban delante.

¡Números y letras
entraban con sangre.
La ley de la vara
mandaba humildarse!

PINCELADAS DE SALAMANCA

Oh, tierra de mis amores
dorada con lunas blancas
de las torres descendidas
de mi vieja Salamanca.

Viejos son tus encinares
y el verdor de tus cañadas,
donde pasta el toro bravo
más castizo de mi España.

Espejo de maravillas,
el Tormes susurra y canta
la esencia de las canciones
a su hermana Salamanca.

Te señalo y te recuerdo
en el centro de mi casa
y te pienso noche y día
apoyado en mi ventana.

Siempre fuiste lo más grande
que existe en la tierra santa
con ilustres profesores
en ilustres enseñanzas.

¡Eres toda un monumento
hecho de piedra dorada,
que por la plaza comienza...
y que sigue con la rana!

PRIMORES DE LA NATURALEZA

Hoy conversan los gladiolos
con los nardos y azucenas
que perfuman el jardín
con aromas de princesa.

Los jinetes de la tarde,
con su sangre aventurera,
contemplan las maravillas
de margaritas inmensas.

Caballos imaginarios
relinchan por las veredas
con herraduras de plata
y enjaezada la cabeza.

Desmenuza el gorrión
sus venturas y sus penas
por las ramas del laurel
en el ardor de la siesta.

Señorean por la plaza
los efluvios de otras tierras.
Primorosa está la fuente,
las niñas del pueblo juegan.

Las arañas, laboriosas,
a la sombra de la yedra
se guardan en los telares
que anonadan a la ciencia.

Busca un hombre pensativo
la esencia de los poetas
—con su chispa de locura—
en la alberca de las letras.

Dice: flores espumosas,
multicolores y frescas,
culebras por los caminos
y en la torre las cigüeñas.

¡Todo admira y nada entienden
ni su pluma ni su lengua
derramando los tinteros
en un mundo de bellezas!

¡¡Son un cántico divino
los dones de primavera.
Todo es propio del misterio
de la gran naturaleza!!

PESADILLAS EN LA NOCHE
Soneto

Lloraba en el susurro de una fuente.
Me sentía tan solo y desgraciado
que giraba, mirando a cada lado,
dolido de las burlas de la gente.

Cien coléricos monstruos, de repente,
ungían, en los ribazos del prado,
a la dicha de un lirio enamorado...
¡que finaba bajo un cielo inclemente!

Gemían los polluelos en su nido
y el nido se agitaba en la enramada
con fúnebre y patético ruido.

Mas, luego desperté, de madrugada,
y dispuse mi noche hacia el olvido;
donde tanta desdicha... ¡fue soñada!

ERA DULCE LA MAÑANA

Era dulce la mañana
y yo lento caminante,
dormilonas las estrellas...
y los planetas distantes.

Tal afán me dio el momento
de mirar a todas partes
que captó mi corazón
la sonrisa de los árboles.

Las ramas estaban plenas
de hojitas angelicales
que jugaban como niños,
con los caprichos del aire.

Los aguaceros de abril
y los soles de Levante
la vida pusieron verde
en laderas y los valles.

Todo el cielo estaba azul
sobre la tierra y los mares.
Los ruiseñores cantaban
en tiernos cañaverales.

¡La retina de mis ojos
gozaba –lo inexplicable–
las maravillas de mayo
con fondos primaverales!

¡¡Cuán hermosos los tapices
de cercados y parajes.
Qué dichosa estaba el alma...
y el bastón del caminante!!

DESDE EL BALCÓN DE LA SIERRA (CRISTÓBAL)

Desde el balcón de la sierra
—el mayor de los canchales—
se contemplan Las Quilamas
y huertos de Santibáñez.

A Valero nadie ve
por estar en pozo grande;
pueblo de mieles y ceras
de purísimos panales.

Sucesión de serrijones
—que saltan de todas partes—
patria son de los rebecos
que bajan del monte al valle.

Arriba Peña de Francia;
donde rezan treinta frailes
y conversan con el cielo,
y con las nubes distantes.

Muy guardado San Esteban
—con sus vinos importantes—
lo señala un edificio
de doscientos colegiales.

Sita el pueblo de Los Llanos
—benjamín de cien lugares—
en tierra de Salamanca
junto a brezos y jarales.

Exuberante y tranquilo
paraíso de las aves,
Dios creó en el Tornadizo
hizo mil antigüedades.

Mosaico de mil colores
que compite con los parques
más compuestos y gallardos
que presumen las ciudades.

Se engalana el sol poniente
con los platas y granates,
que luceros y penumbras
aniquilan y deshacen.

¡¡Por el iris de mis ojos
siento dichas especiales,
por ser parte de una tierra
que me araña los ijares!!

PEREGRINO SIN POSADA

Arroyo que en primavera
nunca duermes ni descansas:
va la vida exuberante
en el rumor de tus aguas.

Acariciando la orilla
de juncos, briznas y ramas,
rumiando mil soledades
esperas la luz del alba.

Cuatro lunas de alabastro
en tu lecho se acicalan
y los ciervos –cautelosos–
beben y miran su cara.

Cuando pasas bajo el puente,
hacen eco tus palabras.
Descansas en los remansos
y tiemblas entre las cañas.

Nadie entiende la armonía,
peregrino sin posada,
de los acordes que al rostro
de los campos le regalas.

Cresta fuiste de las olas
de las llanuras saladas
y refugio de los peces
que de las redes se guardan.

¡Un día —quizá cercano—
volverás con verdes ranas
y tu sonrisa de lirios
a lomos de nubes blancas!

CRISTÓBAL DIVINO PUEBLO

Cristóbal es más que un pueblo,
que es un edén sin igual,
que enarbola sus pendones
y la enseña nacional.

Orgullo de las españas,
paraíso terrenal,
porque Dios así lo quiso
con su amor y libertad.

Eres gloria salmantina
y mirador celestial;
eres balcón de La Sierra...
con visos de eternidad.

La brisa pinta tu cara
con perfumes de rosal
y con puros sentimientos
de justicia y de verdad.

En las noches de verano
hay estrellas sin ramal
que iluminan a Cristóbal
más que hogueras de San Juan.

Cristóbal, mayor tesoro,
maravilla universal:
vale más que todo el oro
y palacios de cristal.

Fue mundo de ganaderos,
de amapolas, trigo y sol,
hortelanos, piconeros,
aceiteros y carbón.

Melodías del pasado
–con la gaita y el tambor–
da el mozo del traje charro
en toda fiesta mayor...

Que al pueblo que no se quiere
se le pudre el corazón
y hasta el alma se le muere
sin historia y sin amor.

Antigua leyenda corre
en honor de los loberos
por los cuatro de la torre,
que esculpieron los canteros.

Cristóbal, hospitalario;
cuando pinta la ocasión.
¡Ven, hermano, a comprobarlo...
y me darás la razón!

¡¡Ven a gozar a este pueblo
esta vida temporal;
que mañana nos iremos
al mundo del más ALLÁ!!

CON MINUTOS QUE NO CESAN...

Con minutos que no cesan
se difumina la tarde
despidiendo a los alcores
del horizonte granate.

Ya se torna silencioso
el bullicio de los parques
con sus fuentes parlanchinas
y senderos de rosales.

Camino de las majadas
van pastores y zagales
con música de cencerros
asidos de los collares.

Caravana de cien vidas
bajando del monte al valle
entre silbos amorosos
y celaje de los canes.

Entre tinieblas del bosque
lechuzas airosas salen
—con su vuelo imperceptible—
sorteando los ramajes.

De tierra de las estrellas
los luceros chispeantes
se posan en las ventanas
de castillos y corrales.

Hacia el alba va la noche
entre sueños cenitales
con trinos del ruiseñor
en verdes cañaverales.

HIMNO A SAN MARTÍN

Suenan gaitas y tambores
en Cristóbal, pueblo mío.
San Martín está contento...
¡pero tiene mucho frío!

Solo tiene media capa;
sin tijeras la ha partido
para cubrir medio cuerpo
de un hambriento peregrino.

Firme va sobre un caballo
que le está pidiendo trigo
y san Martín reza y llora
por el pobre desvalido.

Por el once de noviembre
reventón está el cochino
y en manos de cuatro mozos...
relumbran cuatro cuchillos.

En honor de san Martín
hay misa con mucho brillo
y al cochino que no gruñe...
¡le han partido los tocinos!

Hay banquete para todos
–forasteros y vecinos–
de patatas revolconas
con las chichas y buen vino.

¡A san Martín de los cielos
junto al ramo le pedimos:
que nos llene el corazón
de su cariño infinito!

¡¡Celebramos esta fiesta
por el santo más divino
en Cristóbal de La Sierra,
pueblo de buenos amigos!!

Que sí... que no... que no... que sí...
que viva la capa de san Martín...

DESTINO DE MIS EDADES

¡Me sujeta una querencia
muy profunda y entrañable
a esta tierra –tierra mía–
que nada puede quitarme!

Siento el roce de este suelo
en mis pies, de parte a parte,
cual caricias amorosas
de las pasiones más grandes.

Siento vibrar la vida
más dulce y emocionante
respirando, apasionado,
la pureza de sus aires.

Gozo el sol de la mañana
y arreboles de la tarde,
embebido en el misterio
de movimientos astrales.

Se me ensanchan las pupilas
por terruños y parajes.
Felizmente vivo y sueño
bellezas incomparables.

El polvo de los caminos
a dorada miel me sabe,
contemplando las laderas
de los viejos olivares

y los prados y campiñas
donde pastan los erales.
La cuna de las violetas
margaritas y arrayanes.

Oleadas de ilusión
el pensamiento me invaden,
cuando arroyos espumosos
dejan vida por el valle.

Espumas de sol y nieve
bajo mundos siderales;
atalaya de los pájaros
y los espejos lunares.

Al fondo del pecho llegan
las estrofas de las aves,
que anidan en las retamas
en días primaverales.

De amarillo la Oropéndola,
al amparo del ramaje,
le disputa al arrendajo
escondrijos principales.

Cerros y cielos azules,
ya, pugnan por abrazarse…
con sus flores y alboradas
y sus bestias adorables.

¡Ella es mi norte sagrado,
destino de mis edades.
Luz de esperanza —argentina—
verdadera y admirable!

¡¡Oh, mi tierra idolatrada…
bien mereces adorarte
con el eco de mi pluma
y el tintero de mi sangre!!

EL DEVANEO DE LOS RECUERDOS

Como el pórfido azulado
los recuerdos permanecen.
Son eternos compañeros
que cualquier humano tiene.

Llegan de mentes y mares
con sus túnicas calientes
como el sol de la mañana
peregrino del Oriente.

Son inquietas sus entrañas
y en sus juegos más rebeldes
que las estrellas insomnes
en los conciertos celestes.

Alimentan sin descanso
–ante lunas diferentes–
las candilejas del alma
con abrojos o con mieles.

Aprendieron a llorar
y gozar de cortos bienes.
Nos regresan al pasado
con sus glorias y alfileres.

Son cual música constante
y estridente de sartenes
repicando noche y día
por los parajes agrestes.

Cantan tenores de plata,
coronados de laureles:
¡Ni siquiera en los recodos...
del caminito se pierden!

A NUESTRO NIETO DIEGO
Soneto

Da vida tu nombre de terciopelo.
Ensalza tu reinado los pendones
del color de las santas bendiciones:
¡Niño de espuma, miel y caramelo!

Obediente a la abuela y al abuelo
en el pueblo, lindo, de vacaciones:
¡Es tan grande el amor de que dispones…
que te igualas a los ángeles del cielo!

El trabajo constante en la cultura
otorgaba el descanso del verano
a tu piel, en un clima de dulzura.

¡¡Disfrutamos de tu ingenio soberano
y abrazos de pasión y compostura;
con el calor más dulce y más humano!!

A SILVIA

Soy niña con sal marina,
que duermo con un peluche;
tengo madre y tengo padre
y abuelos que a mí me escuchen.

Primos tengo, encantadores,
al otro lado del túnel,
que me dan mucho cariño
desde el martes hasta el lunes.

Vivo en Sóller, junto al puerto,
oigo sirenas de buques
y el arrullo de los peces
cuando bajan y más suben.

Dicen que son parlanchines
mis dichos blancos y azules,
como los ojos del cielo
y el palomar de las cumbres.

Camello de mi ilusión:
quiero que pronto te cures
y me traigas la muñeca
que soñé en el mes de octubre.

Camello del alma mía:
muñeca quiero con bucles
y unos ojos que me miren
y por todo me pregunten...

¡Mucho sé de mallorquín,
castellano hasta las nubes!

AL ÁLAMO DE LA PLAZA MAYOR

Sin mediar un previo aviso,
ya, cruzaste el Muro Cano.
¿Adónde fueron tus ramas
con hojas, nidos y pájaros?

Tú diste gozosas sombras
a las siestas del verano;
tus ramas fueron liras
que muchos vientos pulsaron.

Compuso el cierzo mil sones,
por todo el pueblo escuchados
en las noches del invierno;
en las horas del serano.

La luna se paseaba
con traje raso, blanco,
por candela que natura
te daba en abril y mayo.

Fuiste: testigo de fiestas
que anunciaba el campanario,
con cien carros en el ruedo
para toros y caballos.

Mas, luego el hacha severa…
furiosa segó tus brazos.
¡Eran fornidos y libres,
multiformes, centenarios!

Tu inquietud y tus raíces
reposan bajo el asfalto...
¡para nunca despertar
y sin el jugo de antaño!

En tu tronco se adivinan
cicatrices del pasado.
¡Oh, cuántas generaciones,
Dios mío, te veneraron!

Fuiste: orgullo de las gentes,
patriarca de los álamos;
estoicamente vigía
de balcones y tejados.

¡Oh, gigante fenecido,
duele tu cuerpo pelado!
¡Se suma a tu larga historia
final de sabor amargo!

Muerto, erguido y solo,
con vileza mutilado,
quedas cual espectro frío...
¡al que niegan tumba y mármol!

¡¡Mi dolor, de polo a polo,
hoy te sirva de sudario
gran gigante de madera
seco, sin ramas, sin pájaros!!

AL CRISTO DE LA ERMITA
SONETO

Aflige ver tu rostro maltratado
por la ira de los hombres y su mano,
¡oh, padre de verdades, soberano
que ascendiste hasta el cielo iluminado!

Con tu pena y dolor has perdonado.
Esperas en el cielo –tan lejano–
a dar vida a la muerte del humano
que sufre por su rey crucificado.

Asolan: las espinas de tu frente,
el rostro ensangrentado, bien divino,
y tu costado herido y tan clemente.

–¡Si Cristo del Cielo a salvarnos vino
sin galas, por la nieve del Oriente,
invoquemos a la luz de su camino..!

AL VIENTO

Ama su vida en libertad el viento:
Con sus manos afanosas
caminan bajo el áureo firmamento
sus fuerzas portentosas.

Irrumpe en la mansión de los oteros
blandiendo mil espadas
de invisibles y templados aceros
en fraguas trasnochadas.

Llega agitando ramas y violetas,
y polvo en los caminos;
mueve los cardos, lirios y veletas
de arroyos cristalinos.

Murmura en la espadaña vieja y santa,
y ruge en el tejado.
Muy temprano y violento se levanta
altivo y enojado.

¡Azote de horizontes y alamedas:
—incorpóreo elemento—
por las olas del mar y las roquedas,
gime tu nombre, viento!

ANOCHECER CON LUNA LLENA

¡El yunque guarda silencio
en la fragua de la aldea.
Ya sus ecos se han dormido
en oteros y riberas!

Ya rielan lejanos astros
y quiméricas estrellas
cuando la Luna se asoma
a las gibas de la sierra.

Templada noche de junio;
musical, en la alameda,
de grillos impertinentes
entre algunas hojas secas.

Torrentes de brillos tibios
ya descienden las laderas
y en inhóspitos barrancos
hacen nido las tinieblas.

Las sombras de los arbustos
son manos y calaveras
al capricho de la brisa
cadenciosa y pasajera.

Los cristales de las fuentes
sueñan campos de violetas;
resbalando, silenciosos,
bajo abedules y yerbas.

Ya duermen las hojas verdes
del magnolio y de la hiedra.
¡El aroma de las rosas
canta una copla inmensa!

¡El humo de mi tabaco
en espirales da vueltas
por rumbos desconocidos,
sin caminos ni veredas!

Cruza en estela un lucero,
librado de su cadena,
por las pampas infinitas
en fuga de luz intensa.

De misterios de la noche
la regia Luna se llena
y se ríe con la gracia
de risa galana y fresca.

AL RUISEÑOR

Oh, ruiseñor del arroyo:
eres violín agradable
en todos los escenarios
que Dios puso en el paisaje.

Nadie iguala la armonía
de la flauta de metales
que atesora la garganta
más divina y entrañable

que en las noches soñolientas
ameniza con cantares
la tapia de los jardines
de naranjos y rosales.

Si natura negó gracia
de colores al plumaje...
le otorgaba el señorío
de la ternura del cante.

Tú derramas por el viento
los acordes incesantes,
en la noche misteriosa,
entre cañas y nopales.

Eres en las tinieblas
santo y seña de las aves,
y a la clara luz del día
honorífico estandarte.

Nadie consuela las penas
en que a veces te debates
cuando dejan las rapiñas
a tu prole... ¡sin señales!

Entre todos los cantores
tus gorjeos sobresalen...
¡Vives y mueres cantando
tus bonanzas y tus males!

ANTE CRISTO CRUCIFICADO

Fui oveja descarriada
y tus rediles pretendo;
ya quisiera desclavarte
de los clavos del madero.

Como humano soy culpable
del injusto apresamiento
y el martirio de los clavos
que en la cruz te tienen preso.

Causa espanto la tristeza
de tus ojos, bien eterno,
y ese rostro maltratado
que pena sobre tu cuerpo.

La mentira te dio muerte
con sus látigos de acero,
y a cambio nos dan más vida
mansedumbres de tu Cielo...

Yo crucé valles oscuros
–alejado de tu Reino–
por arenas movedizas...
donde sucumben los sueños.

Ya borrar lo mal vivido
por imposible lo tengo...
¡déjame regar las flores
de las lindes de tu huerto!

BAJO LA LUZ DE LA LUNA

Cuando el silbo de los trenes
levitando se levanta,
hacen fiesta los luceros
de las pampas estrelladas.

Dan conciertos los batracios
a la orilla de la charca
con sones impertinentes
de estrambóticas guitarras.

Los grillos de las veredas
acompañan, con sus arpas,
el arroyo cristalino
orlado de espuma mansa.

En las sombras soñolientas
hay fiestas de luna clara
y silencio en los corpiños
de búhos y musarañas.

Marcha el ciervo sigiloso
por edenes de avellanas
en valles y serranías
con temores en el alma.

Hay arrullos en la mar
perfumados de oro y plata.
Sueña y vive un marinero
horizontes de esperanza.

¡Con lo inquieto de las olas
se mecen las aves blancas.
Giran luces en el faro
que agonizan por el alba!

BLANDIÓ SU ESPADA EL VIENTO

Como un gladiador furioso
el viento blandió su espada
y con rigor endiablado
empujaba las ventanas.

Tan triste puso la noche
que ocultó la luna clara
con la túnica imponente
de la nubes en volandas.

Severa noche de otoño
para hojas desperdigadas
por las viejas avenidas
sin refugio, sin posada.

Se arrugaron los semblantes
y temblaron las acacias
al ritmo de las farolas
confundidas, apagadas.

Cual el dragón de san Jorge
daba muerdos a las ramas
de los robles solitarios
en laderas y cañadas.

Dejó un rastro de dolor
—en el alba fustigada—
el lenguaje de los vientos
en tejados y espadañas.

Él anduvo entre nosotros
de la noche a la mañana
y marchó a la luz del día...
¡y nadie le vio la cara!

CANTO A LA VIDA

Con mi vida alegre o triste
te espero a vivir mañana
por ser lo mejor que existe,
tan única y soberana.

Siempre estuviste a mi lado
como eterna compañera.
Por lo mucho que me has dado...
permite que te prefiera.

Me prestaste el Sol divino
en claros amaneceres
y me alumbraste un camino
de avatares y placeres.

Tú, llenaste de colores
los jardines de mis ojos
y de pájaros cantores
el centro de mis enojos.

Dicha pusiste en la mano
de quien ardiente te adora
con templanzas de verano
y el arrullo de la aurora.

Alma, vida, pensamiento,
aceradas herramientas,
la Tierra y el firmamento,
cifras, números y cuentas.

¡De amor me diste la esencia
que juré por los altares...
y una honrada descendencia
que me araña los hijares!

¡ME DUELE VER TU VIDA ENCARCELADA!
Soneto

Me duele ver tu vida encarcelada,
jilguero de los trinos superiores,
privado de tu vuelo entre las flores
sin dulce compañía, sin amada.

Tú cantas entre alambres, camarada,
al ritmo tan fatal de tus dolores
privado de bienes y de amores,
y el brillo angelical de la alborada.

Me duele la crueldad de las cadenas
que sin causa te tienen amarrado.
Cumpliendo sucesiones de condenas

padeces la dureza del estado
más hiriente y salvaje de las penas,
trinando, lentamente ajusticiado.

AYER... Y HOY

Paraíso de cabras y de ovejas
ayer fueron los campos naturales
que hoy me dañan los ojos y las cejas.

Hoy, caminos repletos de zarzales
expuestos para música del viento
en fiesta de las noches invernales.

Diferente y agónico me siento
recordando armonías del pasado
bajo el firme y callado firmamento.

Ya pretendo mirar para otro lado;
donde todo el pasado se imagina,
donde solo el ayer es contemplado...

Mas te sigo queriendo en cada esquina,
adorándote, tierra, a cada paso
con la fe más sonora y más divina.

Tan feliz fui bajo tu cielo, raso,
que nunca he de tenerte en el olvido...
requerida mi pluma en el parnaso.

Por tu amor tengo el corazón herido
al golpe de pasadas alegrías
en Tiempo −de recuerdos− ya cumplido.

Tus tapias y callejas fueron mías
en horas de ilusiones y grandeza,
pintadas de azuladas fantasías.

Recuerdo, con cariño, tu belleza
y el chorro purpurino de las fuentes
que hoy gimen bajo tumbas de maleza
que fueron el alivio de mis gentes.

DIJO EL SEÑOR DEL CIELO, ENTRE LAS FIERAS
Soneto

Dijo el señor del cielo, entre las fieras,
lloroso de la vida ponzoñosa:
¡Bebed en la textura de la rosa
y en mieses del milagro de las eras!

Caminar por sus valles y laderas...
es hacer la existencia más dichosa,
y hacer de sus conjuntos fuente hermosa
en lindes de futuras primaveras.

¡Divinos los matices y consejos
que bogan por el amplio firmamento
con música de flautas y de espejos;

con notas amorosas de talento
que enlaza lo cercano con lo lejos,
por rutas de los mares y del viento!

LOS DONES DE VARIOS PUEBLOS

En Béjar los buenos paños,
los jamones en Guijuelo,
el morapio de Miranda,
miel y aceite en Valero.

Muralla en Ciudad Rodrigo,
en Santibáñez cerezos,
las ciruelas en el Soto
y derivados del cerdo.

Patatas en Molinillo
y madroños en dos tiempos;
en Los Llanos las castañas
y en Cristóbal carboneros.

En La Alberca los turrones,
en Cepeda los joteros,
en fiestas de San Bartolo,
con treinta tamborileros.

Las cabras en Colmenar,
en Horcajo los lecheros
que reparten leche en Béjar
y la bautizan primero...

Encinas en Valdefuentes
y los ricos ganaderos;
y también los mozos caros...
si se vendieran por metros.

Valdelacasa caballos
domados –sin aparejo–
y en Los Santos los canchales
para fraguas y canteros.

En Valdehijaderos prados,
en Lagunilla aceiteros;
en La Calzada un cordel
para vacas y carneros.

En San Martín un castillo,
en Villanueva cerezos,
y en Las Casas capadores
de los mulos y los cerdos...

En Peromingo llanuras,
en Ledrada mataderos
y en Santibáñez de Béjar
la blusa de los queseros.

En Pinedas: los frutales
–a las puertas los aperos–
y a la sombra de las breñas
los rayones y conejos.

Bodegas en San Esteban
donde van los domingueros
a merendar pata negra
con vino de los cubetos.

En Garcibuey las picotas,
los juzgados en Sequeros,
de Madroñal y Bastida
los buenos tamborileros.

Endrinal tiene una fuente
que riega calles y huertos,
y en las tropas: militares
con estrellas y luceros.

En Linares los fresones,
en San Miguel colmeneros.
Monleón castillo y sastres
de calzones y chalecos.

RECUERDOS DE UNA TRASHUMANCIA

Anunciado el crudo invierno,
de León en la montaña,
pastores y rabadanes
inician la trashumancia.

Atavían el borrico
de ramales y la albarda;
sobre la albarda la alforja
y en la alforja las viandas.

Se ponen en movimiento
ovejas, con cencerrada,
y en actitud vigilante
los mastines que las guardan.

Caminan a Extremadura
—a tierra afortunadas—
a paso lento y constante
por la estepa castellana.

Las jornadas son penosas,
—calvario de tres semanas—
por descansos pastoriles...
cada noche una majada.

Van dejando atrás León
y lares de Salamanca
avanzando en paralelo
a la Ruta de la Plata.

¡Delata el final del viaje
el humo de la cabaña...
y el ovino pace y rumia
en fructíferas cañadas!

RECLINADO EN EL TAJO DE UNA PEÑA
Soneto

Reclinado en el tajo de una peña
contemplo ensimismado el firmamento.
En vano se devana el pensamiento
en la fiesta celeste y agosteña.

Tantas son las estrellas que me enseña...
que viéndome perdido en el recuento
me vuelvo a mi cabaña, a paso lento,
por sombras de esta vida... tan pequeña.

Me atribula esta noche de verano;
me siento diminuto en esta guerra
vencido y dolorido como humano.

¡Contaré maravillas de esta Tierra.
Soñaré con edenes y el pantano
de nieves derretidas de la sierra!

PARAÍSO DE CASTILLA

Mirando la serranía
es Cristóbal tan notable,
que el viajero se enamora
de sus riscos y sus calles.

Sus tejados —miel oscura—
musitan antigüedades
y manos, encallecidas,
con penas y dichas grandes!

A esta tierra tan tranquila,
de bienes inexplicables,
la adorna el azul del cielo
de los mundos siderales.

¡Paraíso de Castilla,
vestido de tomillares,
hoy florecen en tus campos
jardines incomparables!

Claríficos pensamientos
ponen lengua a tus canchales
y al concurso, tan divino,
de los trinos de las aves.

Un sol de rojo intenso
penetra en los robledales,
donde sueña el cervatillo
con la gloria de los ángeles.

¡El corazón se enternece
desde el Alba hasta la tarde,
y, en noches de luna esquiva…
hay preguntas en el aire!

Los faroles de su cielo
alumbran la turbia imagen
del Camino de Santiago…
¡y, lugares insondables!

¡Cristóbal abre sus puertas,
curando las soledades,
a la ingente multitud
del Danzar de los Danzares!

¡Con el tesón de sus gentes
se auguran felicidades,
que se igualan a la dicha
que, ya, gozamos… tan grande!

¡¡Su nombre va por el mundo
bajo un palio de verdades.
A la historia de CRISTÓBAL…
nada puede compararse!!

OTOÑO EN CRISTÓBAL

Va la flauta pastoril
por los valles y recodos
enjoyada de nostalgias
y verduras del otoño.

Cesa el grillo en la vereda
sus acordes, procelosos,
apostado en la hojarasca
¡eternamente dichoso!

Vagan perfumes reales
por el azul misterioso
del cielo profundo y casto,
pleno de lunas y tordos.

Vigías de la ribera
son las copas de los chopos
que mudan verde esperanza
por ocre, amarillo y oro.

En la alfombra de los prados
tejen dioses, con decoro,
esa belleza infinita
que entusiasma a nuestros ojos.

Desde el este hasta el ocaso
se suceden los tesoros
en los vergeles, silvestres,
pudorosos del otoño;

donde Dios pone sus manos
creadoras de forma y tonos,
con aromas naturales
de arrayanes y heliotropos.

Van mariposas nevadas
por saucedas el arroyo
con mensajes de dulzura
en vuelos blandos, hermosos.

El Sol entibia la brisa
que mima y dora los olmos
y acaricia el campanario
que se encumbra por nosotros.

Va la lira el poeta,
levitando en lo boscoso,
sobre las últimas flores
con un eco triste y ronco.

¡Sin desvelar sus secretos
morirá la luz de otoño;
tan efímera y divina
como la vida de todos!

AL CANCHO DE CRISTÓBAL
Soneto

Es el Cancho balcón que asoma al cielo
–pariente del eterno Guadarrama–
que al cantero sus piedras dieron fama
y al yunque del herrero en paralelo.

Recuerdo que me sirve de consuelo
y en muros del presente se proclama
con música de cuñas y retama
alzada con firmeza sobre el suelo.

¡Asombra la paciencia tan usada
de loma que contempla el infinito
por brisas y luceros venerada!

¡¡Su tranquila presencia marca un hito
al resuello de cada madrugada
con canosos bostezos de granito!!

A CRISTÓBAL DE LA SIERRA (MAYO DE 2020)

Les quiero contar, señores,
con mi musa puesta en uso,
que el pueblo de mis primores
es aquel que Dios nos puso

sobre tierras salmantinas
a orillas de Extremadura,
donde pacen las merinas
cuando el campo se madura.

Aunque en él no fui nacido,
se quedó en mi corazón
para siempre tan prendido
que me da vida y razón

para sentirme "lobero"
de los pies a la cabeza,
por lo mucho que le quiero
con su paz y su belleza.

Este lugar de Castilla
es pueblo de mil sabores
porque a todos maravilla
y cualquiera le echa flores.

Como patria encantadora
de mis años juveniles,
pues me duele cuando llora
con sus lágrimas gentiles.

Tiene una lancha famosa
llamada del Pajarito,
que impertérrita reposa
para hurgar el infinito.

Tan cercano tiene el cielo,
aunque parezca lejano,
que se toca desde el suelo
en las noches de verano.

Con la paz en la mochila
hasta que el alba despierte,
larga es la noche y tranquila,
ensoñadora y celeste.

Unos cuentan los luceros
que tiemblan amontonados
y aunque gastan muchos ceros...
siempre quedan mal contados!

Sobre las doce y la una
soñando el tiempo gastamos
con el cerco de la Luna,
pero nunca lo alcanzamos.

Para ausentes y presentes
termina este fiel rosario:
¡Es pueblo de buenas gentes,
sencillo y hospitalario!

ENTRE TODOS... LA MATAMOS

Confieso que me entristecen
las inmensas soledades
que se adueñan de los campos
donde araban los gañanes.

Ellos la tierra sembraban
en los días otoñales,
en tablares y parcelas
heredadas de unos padres

que regaron con sudor
el surco de los trigales,
con la dulce compañía
del trino de alegres aves.

El eco de los cencerros
navegaba por el aire
con la inquietud sospechosa
del ladrido de los canes.

Un hedor a jabalí
rezuma por todas partes.
Abundan los escondrijos
y robledales gigantes.

Todo invita a una nostalgia
profunda, desagradable.
Quisiera que fuera un sueño
de noches inenarrables.

Su estampa solo mantienen
pedregales y canchales,
la patria de los lagartos
de papadas arrogantes…

Sucumbieron los conejos
y las perdices vivaces
a la voz del jabalí
con sus hábitos infames.

De aquella latente vida
ya no quedan ni señales,
provocando hoy recuerdos
que en el alma se debaten.

Frescas fuentes fenecieron
engullidas por raizales
y, por descuido, caminos
se hicieron intransitables.

–Contribuyeron venenos,
de consecuencias mortales,
derramados por el campo
placenteros y constantes…

Aún nos quedan verdes prados
y pastos que Dios nos guarde,
para gloria de vaqueros
en hierbas primaverales.

Nada temo si he ofendido
con mi sarta de verdades.
Entre todos... la matamos;
que no se le olvide a nadie.

UNA LANZA POR LOS JUSTOS...

Alcalde que toma el trono
en legal legislatura...
la mitad le da su abono,
y la otra mitad murmura.

Aun obrando con justicia
no es librado de maldades,
cuando en alma se desquicia
exponiendo sus verdades.

Taponarse las orejas
—ante falsos argumentos—
es quitar puertas y rejas
a sus propios monumentos.

Es un cargo de paciencia
—con la bombilla encendida—
que si pierde norte y ciencia
se despeña sin medida.

Velador comprometido
con realidades y sueños.
¡Es cual música y latido
de los grandes y pequeños!

Anchos aplausos recibe
de la turba y los señores.
Señalado es mientras vive
con descréditos y honores...

Por unos merece el cielo,
por otros la noche oscura.
Los unos le dan consuelo,
los otros la vil conjura.

Unos dicen que haya toros,
otros misas y verbenas,
y otros dicen, como loros…
¡se lo gasta todo en cenas!

Si camina en manga corta
le llaman abandonado
y si un traje le conforta…
¡se cuenta que lo ha robado!

Del cetro que le otorgaron
nacen las risas y llantos.
Unos fieles, le alabaron;
de otros toma desencantos.

De cortejos rodeado
pues, nunca se vio más solo.
Como un conde es saludado,
con ecos de polo a polo.

Vive en grande confusión
—en la comedia elegida—
sin saber que sueños son
realidades de la vida.

Si vuelto a nacer, él, fuera
–como el agua de la fuente–
puede que al bosque saliera
a guardarse de la gente.

¡¡Una lanza por los justos
pretendo quebrar en cien.
Por quien viviendo disgustos
se muere pobre también!!

ÍNDICE